KB037145

두 가지 한국에 관한 정치적 상상력

말과 칼

헬조선편

두 가지 한국에 관한 정치적 상상력

말과 칼

헬조선편

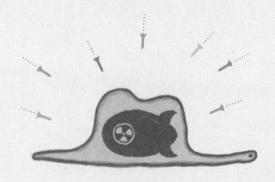

정욱식 지음

유리창

국립중앙도서관 출판시도서목록(CIP)

말과 칼. 헬조선편 : 두 가지 한국에 관한 정치적 상상력 /
지은이: 정욱식. — 파주 : 유리창, 2016
    p. ;   cm

ISBN 978-89-97918-17-1 03340 : ₩14000

한국 정치[韓國政治]

340.911-KDC6
320.9519-DDC23   CIP2016013454

이 도서의 국립중앙도서관 출판예정도서목록(CIP)은 서지정보유통지원시스템 홈페이지
(http://seoji.nl.go.kr)와 국가자료공동목록시스템(http://www.nl.go.kr/kolisnet)에서
이용하실 수 있습니다.(CIP제어번호: CIP2016013454)

말과 칼
두 가지 한국에 대한 정치적 상상력

1판 1쇄 인쇄 2016년 6월 10일
1판 1쇄 발행 2016년 6월 15일

지은이 정욱식
펴낸이 우좌명
펴낸곳 출판회사 유리창
출판등록 제406-2011-000075호(2011.3.16)
주소 413-756 경기도 파주시 문발로 115 세종출판타운 402호
전화 031-955-1621
팩스 0505-925-1621
이메일 yurichangpub@gmail.com

© 정욱식 2016

ISBN 978-89-97918-17-1 03340

문제를 회피하고 악용해온 10년,
이 사이에 문제는 손쓰기 힘든 괴물이 되어버렸다.
이들이 또다시 정권을 잡는다면 달라질까?
이 책이 반면교사가 되기를 바라는 마음 간절하다.
픽션 '헬조선'이 픽션으로 끝나기를 기원하면서.

모의

대선 두 달 전인 10월 중순, 김기준과 정호순이 청와대 인근 식당 조용한 방에서 만났다. 고교 동창인 이들은 청와대 부속실과 새누리당 대선 전략기획본부에 몸담고 있다. 김기준이 피곤한 듯 손바닥으로 얼굴을 쓸어내렸다.

"대선이 코앞인데 걱정이군. 경제가 개판이 됐으니 승리를 장담하지 못하겠고 야권에서는 단일후보니 연립정부니 이런 얘기들이 나오고 있고 말이야."

정호순이 목이 타는지 물을 벌컥 마셨다.

"야권 단일화는 쉽지 않을 거야. 언론에서도 계속 이간질해 주고 있으니 그 결과는 두고 보자고."

김기준이 은밀한 목소리로 말했다.

"이번 대선은 우리가 장기 집권으로 가느냐 마느냐를 결정할 분수령인데 당에서 선거 준비는 잘되고 있나?"

"두 가지야. 하나는 경제위기를 덮을 만한 이슈 발굴이고, 또 하나는 젊은 애들을 잘 요리하는 거지."

정호순의 말에 김기준이 바싹 다가앉았다.

"하나씩 설명해보게."

"경제는 먹고 사는 문제니까 그걸 덮으려면 죽고 사는 문제를 들고 나와야지."

김기준이 의아한 표정을 지었다.

"안보문제? 근데 그게 되겠어? 북한 애들도 요즘 조용한데."

새누리당은 이미 안보문제로 대선을 끌고 가기로 전략을 세웠다.

"우리가 생각하는 건 두 가지야. 먼저 사드를 조속히 배치하겠다고 공약하고 그것도 대구에 배치하겠다고 발표하는 거지. 왜 부지 선정 결정이 안 되면서 사드 공식발표가 늦어지고 있잖아?"

2016년 초 북한의 4차 핵실험과 장거리로켓 발사 직후 한미 양국은 주한미군의 사드 배치 협의를 공식화했다. 하지만 평택·대구·원주 등 유력한 배치 후보지로 거론된 지역 주민들의 거센 반발로 부지 선정에 어려움을 겪고 있었다. 게다가 중국과 러시아의 강력한 반발에 직면한 버락 오바마 대통령은 배치 승인을 차기정부로 넘기기로 했다. 2017년 1월 출범한 미국의 새로운 행정부 내에선 '한국에 배치할 사드 부대가 확보된 만큼, 조속히 배치해야 한다'는 의견과 '중국 및 러시아의 관계를 고려해 신중히 추진해야 한다'는 의견이 맞서고 있는 형편이다.

"그래서 대구라. 그렇다고 대구 사람들이 야당 찍을 리는 없고. 그런데 대구에 배치할 곳이 있기는 한 거야?"

김기준의 질문에 정호순이 자신 있게 대답했다.

"최정산이라고 대구 도심에서 남쪽으로 20km 정도 떨어진 곳이 있어. 도심에서 멀리 떨어져 있으니 전자파 문제도 걱정할 것 없고. 그리고 말이야. 우리의 정치적 고향인 대구에 사드를 배치하겠다고 발표하면 국가안보를 위해 우리 당이 큰 결단을 내렸다는 정치적 선전도 극대화할 수 있지."

김기준이 고개를 끄덕였다.

"좋은 생각인 것 같기는 한데, 사드가 효과가 있을까? 경제위기론이 모든 이슈를 빨아들이고 있는데."

김기준이 걱정스러운 얼굴을 했지만 정호순이 단호하게 말했다.

"효과가 확실하도록 만들어야지. 우리 후보가 발표하면 어떻게 되겠어? 북한은 난리칠 거고 중국 애들도 입에 거품 물겠지. 야권은 사드 배치 찬성이나 반대, 신중론 등으로 우왕좌왕할 테고. 그리고 사드 배치 지지 여론이 60퍼센트가 넘잖아."

김기준이 고개를 끄덕였다.

"북한이랑 중국이 반대하면 우리 표는 결집할 테고, 언론에서 사드를 크게 띄워주면 다른 이슈가 묻힐 테고. 거 괜찮은 생각이네."

"그렇지. 그리고 현수막을 전국에 거는 거야. '사드 반대하는 야당, 북한에 또 퍼주자고?' 이렇게 말이야. 안 그래도 야당이 햇볕정책 계승·발전 운운하고 있으니 둘이 엮기에 딱이잖아. 근데 청와대가 먼저 움직여줘야 해. 국방부하고 국정원 애들 시켜서 섹시한 얘기 좀 하게 해줘. '핵미사일을 앞세워 통일대전을 완수하라는 김정은의 지시가 떨어졌다'는 식으로 말이야."

"오케이. 그건 어렵지 않지. 근데 또 하나는?"

정호순이 잠시 뜸을 들였다. 김기준이 어서 말해보라고 눈짓을 했다.

"이건 좀 센 건데, 핵무장 카드야."

김기준이 놀란 표정을 했다.

"핵무장? 그건 오버 아냐?"

"선거판인데 무슨 얘기를 못하겠나? 뭐 확실히 공약하자는 건 아니고 강한 뉘앙스 정도 풍기는 거지. '최후의 보루로 핵무장도 검토하겠다'고 말이야. 그것도 공약집에 넣는 건 아니고 우리 후보가 TV토론 때 언급하는 정도로 말이지."

"으음, 사드는 저리가라고 할 정도의 메가톤급 이슈가 되겠구먼. 안 그래도 우리 VIP가 얼마 전에 미국이 시원치 않게 나오는 걸 보고 아버지 생각이 난다고 하시더군. 우리는 북한 놈들 한방 때려줄 준비를 단단히 하고 있었는데, 미국이 만류했잖아. 그걸 보시고 미국도 못 믿겠다, 핵무기를 가져야 하는 것 아닌가, 이런 말씀을 툭 던지시더군. 그건 그렇고 핵무장론, 그게 득표에 도움이 되겠나?"

정호순이 득의의 미소를 지었다.

"들어보게. 사드와 핵무장, 이걸 거의 동시에 꺼내면 다른 이슈들은 거의 다 빨려 들어오게 될 거야. 확실한 '안보프레임'이지. 핵무장을 지지하는 여론도 60퍼센트가 넘어. 그리고 우리 후보가 한마디 하면 언론에서 '구국의 결단' 운운하면서 맞장구 쳐줄 거고. 북한·중국·러시아뿐만 아니라 미국하고 일본 애들도 뭐라고 하겠지. 그게 또 언론에 대대적으로 보도 될 거고. 우리나라 사람들이 말이야. 헬조선 어쩌구 그래도 다른 나라 애들이 뭐라 그러는 건 못 참거든."

김기준 표정도 환해졌다.

"거 말 되네. 너 고민 많이 했구나. 그래서 머리가 더 빠졌나. 하하."

"야, 인마. 지금 너네 누나나 우리 영감은 누릴 거 거의 다 누려봤지만 우린 이제부터 시작 아닌가. 이번에 정권 뺏기면 우린 끝장이야. 너도 내 일이다 생각하고 많이 도와줘야 해."

정호순의 정색에 김기준도 웃음기를 빼고 말했다.

"음, 그래야지 티 나지 않게 말이야. 근데 젊은 애들 요리 어쩌고는 무슨 소리야?"

"장하성 교수가 그랬지. '현 젊은 세대는 부모세대보다 못 사는 최초의 세대가 될 거'라고. 이것만 놓고 보면 우리한테 불리해질 수 있어. 그런데 주목할 게 또 있어. 젊은 세대가 부모세대보다 더 북한에 적대적인 경향이 나타나고 있다는 거지. VIP가 작년 초에 사드 검토한다, 개성공단 중단한다, 핵을 가진 북한의 체제를 붕괴시키겠다, 이런 얘기했을 때, 2030세대가 4050세대보다 더 찬성한다는 여론조사 결과 나온 거 기억하지? 그만큼 요즘 애들은 북한에 매우 적대적이야. '신냉전 세대'라는 말이 나올 정도지. 특히 젊은 김정은이 깽판 치는 게 우리 애들 눈에 어떻게 비춰지겠어?"

정호순의 열정적인 설명에 김기준이 고개를 끄덕였다.

"그래. 우리가 역사교과서 국정화할 때도 그거 다 계산에 넣은 거잖아. 올해 나온 교과서 봤지? 북한 놈들 확실하게 조졌잖아. 교과서 갖고 시비 거는 놈들한텐 우리 당하고 언론에서 종북 마크 새겨주고."

"하하하. 교과서 나오면서 좀 걱정했는데 우리한테 불리한 것만도 아니더군. 특히 교육부 발표가 절묘했어. '앞으로 시험 문제는 이 교과서에서만 나온다'고 했지. 그것도 장관이 교과서 들고 말이야."

"그 한마디에 아줌마들 뻑 갔지. 애들 시험 공부하기도 힘든데 대안교과서 볼 시간이 어디 있겠어? 그러고보면 좌파들 돌머리들 많아. 근데 중고딩들이야 투표권이 없고. 당장 급한 건 이번 대선인데."

둘은 죽이 척척 맞았다. 정호순이 이어 말했다.

"관건은 젊은 애들 투표율이야. 우리가 안보프레임으로 확실히 밀고 나가면 보수층하고 노인네들은 결집할 테고. 보니까 50대 이상이 2030세대보다 350만 명 정도 많더라고. 노무현이 됐을 때는 2030세대가 50대 이상보다 660만 명이 더 많았잖아. 50대 이상 투표율이 60퍼센트 이상 나오고 2030세대

투표율이 50퍼센트 미만으로 나오면 야권 단일후보가 나와도 우리가 이긴다는 계산이 나오지."

"젊은 애들 투표율이 50퍼센트 이상은 안 나올 거야."

"그래도 확실히 해둘 필요는 있지. 지난 총선 때에도 젊은 애들 투표율은 높아지고 노년층 투표율이 낮게 나오면서 우리 당이 참패했잖아. 대선을 앞두고 야권에선 경제문제를 물고 늘어지고 있으니까 우린 안보문제, 북한문제로 돌파하자고. 아까 얘기한 것들 하고, '정권이 바뀌면 또 북한에 퍼준다' 이런 식으로 공세를 강화하자고. 이렇게 하면 젊은 애들의 정치혐오가 늘어나 투표하려고 하는 애들이 줄어들 거야. 나하고 상관없는 문제 가지고 싸운다고 생각할 테니. 또 젊은 애들이 우리 거 뺏기는 거 싫어하잖아. '퍼주기론'이 젊은 애들한테도 조금은 먹힐 거야."

1+1

　2017년 10월, 대선 두 달을 앞두고 새누리당과 국정원, 국
방부 등이 당정협의를 가졌다. 당정협의 직후 새누리당이 공
식기자회견을 열었다.

　"국방부와 국정원의 분석 결과, 북한이 핵탄두를 미사일에
탑재한 것이 확인되었다. 김정은이 핵무력을 앞세워 통일대전
을 달성하라는 지시를 내렸다."

　대부분의 언론은 이를 대대적으로 보도하면서 사드를 즉
각 배치하는 한편, 한국도 핵무기를 가져야 한다고 목청을 높
였다. 일부 언론과 야권에서는 "정부와 여당이 대선을 앞두고
북풍을 조장하고 있다"며 정확한 근거를 공개할 것을 요구했
지만 역부족이었다. 기자들로부터 사실 확인을 요청받은 미

국 국무부와 국방부는 "정보와 관련된 사안은 자세히 알려줄 수 없다"며 모호한 입장을 취했다.

새누리당의 대선후보인 손시열도 긴급 기자회견을 가졌다.

"대통령에 당선되면, 사드 배치를 비롯한 모든 자위적 수단을 강구하겠습니다."

특히 그는 "모든 수단에 핵무장도 포함되느냐"는 질문에 대해, "어떤 것도 배제하지 않겠다. 최후의 보루로 검토하겠다"고 밝혔다.

2018년 들어 한반도 정세는 빠르게 악화되고 있었다. 김정은은 1월 1일 신년사에서 "핵무력 건설이 완성되어 다종한 핵 타격 수단이 실전 배치되었다"고 주장했다. 남한 대선 2주 후에 나온 김정은의 신년사는 사드 배치와 핵무장 주장에 기름을 부었다. 각종 여론조사에서는 사드 배치 찬성이 70%를 넘나들었고, 핵무장 찬성론도 60%가 넘게 나왔다. 대통령직 인수위원회에서는 새 정부가 출범하면 이들 사안을 최우선적으로 검토할 것이라고 발표했다. 당황한 미국은 전략무기를 총동원해 한국의 핵무장론을 억제하려고 했다. 2월 초부터 B-52와 B-2 전략폭격기와 F-22 스텔스전투기가 한반도 상공에서 공개적인 무력시위를 벌였다. 핵잠수함과 SM-3를 탑재한 이지스 함도 한반도에 급파했다. 언론에서는 "김정은이 벌벌 떠는 무기가 한반도에 연이어 출연했다"며 전략무기쇼를 내보내는 데 급급했다.

국내에서 핵무장론이 수그러들지 않고 있는 가운데, 미국 내 전문가들과 전직 관료 사이에서도 사드뿐만 아니라 미국의 전술핵*을 한국에 다시 배치해야 한다는 주장이 커지고 있었다. 이를 통해 북한 위협과 한국의 핵무장을 동시에 억제해야 한다는 것이다. 그러나 미국 정부는 사드 배치는 "한국과 긴밀히 협의 중"이라고 하면서도 전술핵 재배치에 대해서는 "고려하지 않고 있다"는 입장을 밝히고 있었다.

"아시다시피 사드 1개 포대로는 부족합니다."

로버트 코헨 국방장관이 손시열 대통령 당선자의 대미 특사단과의 면담 자리에서 말했다. 원유선 새누리당 대표가 단장을 맡은 특사단은 수전 킴 백악관 안보보좌관을 만나 손시열의 친서를 전달했고, 웬디 샤먼 국무장관에 이어 코헨과의

---

* 군사적 효율성을 높이기 위해 고안된 전술핵무기(Tactical Nuclear Weapon)를 가리키는데, 적의 주둔지나 시설을 타격하기 위해 야포와 단거리 미사일로 발사할 수 있는 핵탄두, 핵지뢰, 핵기뢰 등을 말한다. 한마디로 폭발력을 크게 낮춘 소형 핵무기. 이에 반해 전략핵무기(Strategic Nuclear Weapon)는 적의 대도시와 대규모 산업시설을 타격하기 위한 것으로, 주로 장거리 탄도미사일과 전략 폭격기가 투발 수단으로 이용된다.

면담에 들어갔다.

"한국 국방부도 2개 포대는 있어야 한국 전역을 방어할 수 있다는 입장을 내놓지 않았습니까?"

"그건 아직 검토해보지 않았습니다. 곧 정부가 출범하니 그때 가서 논의해보는 게 좋겠습니다."

원유선이 다소 당황한 표정으로 말했다. 그의 뇌리에는 '1+1'이 떠올랐다. 1개 포대는 미국이 배치하고 1개 포대는 한국이 구매해서 배치하는 것 말이다.

"한국 정부도 북한의 핵미사일이 실전 배치되었다고 하지 않았습니까? 우리도 비슷한 평가를 내리고 있어요. 우리가 운용중인 1개 포대를 한국 동부에 배치하고, 1개 포대를 한국이 구매해서 서부에 배치해서 통합해 운용하면 방어 능력이 획기적으로 증강될 겁니다."

코헨의 말에 원유선이 고개를 갸우뚱했다.

"동부라고 하면……?"

"한국 대선 유세 때 대구 최정산을 말씀하셨죠? 우리도 검토해본 결과 좋은 지역이라고 생각합니다. 대구와 부산 등 대도시를 방어할 수 있고, 또 울산 산업단지와 원자력발전소를 보호하는 데에도 효과적입니다. 다만 레이더를 배치하려면 5만 평방미터 정도의 평지가 필요하니 평탄화 공사가 만만치 않을 겁니다. 부지와 시설비는 한국 측에서 부담하기로 했으니, 그렇게 알고 추진했으면 합니다. 그런데 이것만으로는 부족합니다. 수도권과 평택 미군 기지를 방어하기 위해서는 서부에도 1개 포대를 배치해야 합니다."

코헨은 한국 대선에서 새누리당이 사드를 대구에 배치하는 걸 공약으로 내세웠다는 소식을 듣고 크게 반색했었다. 유사시 한국 동남부뿐만 아니라 일본과 주일미군 기지 방어에도 기여할 수 있고, 또한 중국에서 멀리 떨어진 지역인 만큼 중국의 반발을 무마하는 데에도 효과적이라고 여겼기 때문이다. 일본 방위성도 대구에 사드가 배치되면 일본으로 향하는 탄도미사일을 막기 위해 사드-이지스 함-패트리엇으로 이어지는 3중 방어체계를 구축할 수 있다고 보고 펜타곤에 대구 배치를 지지한다는 입장을 전달해놓고 있었다.

원유선 일행이 마땅한 답변을 못하고 침묵이 흐르자 코헨이 말을 이었다.

"당신들도 지난 미국 대선 때 도널드 트럼프의 발언에 당황했을 겁니다. 그가 한국이 부담을 늘리지 않으면 주한미군을 철수해야 한다고 말했었죠. 근데 이게 그냥 흘려보낼 얘기만은 아닙니다. 실제로 많은 미국 국민들은 한국이 방위 부담을 미국에 떠넘긴다고 여기고 있어요. 이럴 때 한국이 사드 1개 포대를 구매해주면 우리 미국인들의 불만도 달랠 수 있고, 한국 방어에도 획기적으로 기여할 수 있습니다. 일석이조인 셈이죠."

특사단으로서는 사드 1개 포대 구매에 대한 인수위 입장이 정리되지 않았으므로 확답을 할 수 없었다.

"하지만 비용 부담이 만만치 않습니다. 시간을 가지고 검토해보는 게 좋겠습니다."

원유선이 조심스럽게 말했다.

"한국의 경제력이면 충분히 감당할 수 있습니다. 우리 정부는 한국의 새로운 정부와 이 문제를 우선적으로 논의할 수 있기를 희망합니다."

"정 위원이 보기엔 어떤 것 같소?"

원유선이 펜타곤 주차장으로 가면서 인수위 국방전문위원인 정연철에게 물었다.

"1개 포대에 2조원 가량하니 그 정도의 투자 능력은 있을 것 같습니다."

정연철의 말에 특사단을 수행한 주미 대사 이용성이 심각한 표정을 지었다.

"그래도 따져봐야 할 문제가 많을 겁니다. 돈도 돈이지만,

서부에 배치한다면 부지 확보가 더더욱 쉽지 않을 겁니다. 이게 공론화되면 지방선거에도 부정적인 영향을 줄 수 있고요."

원유선이 고개를 끄덕였다.

"나 참, 쉽지 않은 문제야. 암튼 당선자께 보고하고 대책을 논의해봅시다."

손시열 정부의 출범을 앞두고 북한의 위협 수위는 점점 높아졌다. 손시열 대통령의 취임식이 열리던 2월 25일, 조선인민군 최고사령부는 "미제 놈들이 핵 타격 수단을 조선반도에 연일 끌어들인 것은 핵전쟁을 일으키기 위한 것"이라고 주장했다. 그러면서 "또 다시 핵 타격 수단을 조선반도에 갖다 놓으면 핵뢰성이 청와대는 물론이고 미제의 땅에서 울려 퍼지는 소리를 듣게 될 것"이라고 위협했다.

맞장

3월 10일 손시열 대통령의 첫 내외신기자회견이 열렸다. 미국《CNN》기자가 첫 질문자로 나섰다.

"대통령께서는 대선 유세 때, 조속한 사드 배치와 더불어 '최후의 보루로 독자적인 핵무장도 검토할 수 있다'고 말씀하신 바가 있습니다. 그리고 나흘 전에는 청와대 대변인이 '한국은 북핵 위협으로부터 우리를 보호하기 위해 모든 자위 조치를 취하겠다'며 NSC 회의 결과를 발표했습니다. 대선 유세 때 하신 말씀이 여전히 유효한지, 그리고 모든 자위적 조치에 핵무장 추진도 포함되는지 궁금합니다."

취임 이후 첫 기자회견이라 조금은 긴장한 듯한 손시열이 고개를 돌려 잔기침을 두어 번 하고 대답했다.

"우리 국민의 안전과 국가안보를 지키는 것은 대통령으로서 가장 큰 책무입니다. 지금 이 순간에도 북한은 우리를 핵으로 겁박하고 있습니다. 대화를 통해서도, 제재를 통해서도 북핵문제 해결은 실패하고 말았습니다. 사드 배치는 더 이상 미룰 수 없게 되었습니다. 또한 나는 이 순간에도 핵무장을 하지 않겠다는 대한민국의 국제사회와의 '약속'과 '핵에는 핵으로 맞설 수밖에 없다'는 현실적인 절박감 사이에서 고뇌하고 있습니다. 나는 가능하면 국제사회와의 약속을 지키고 싶습니다. 그 약속을 지키려면 무모한 도발을 일삼는 북한에게 국제사회는 명확한 메시지를 보내야 합니다. 핵이냐 생존이냐, 분명하고도 현실적인 메시지가 필요합니다."

손시열이 이렇게 대답하자 이번에는 일본 《아사히신문》 기자가 물었다.

"미국 내에서는 사드 등 추가적인 미사일방어체제MD와 전술핵을 한국에 재배치하는 문제가 논의되고 있다고 들었습니다. 이렇게 되면 한국이 핵무장을 할 필요가 없는 것 아닙니까?"

손시열이 《아사히신문》 기자를 똑바로 쳐다보고 말했다.

"그 문제와 관련해서는 한미 간에 긴밀히 논의되고 있습니다. 방금 전에도 미국 대통령과 전화 통화를 했습니다. 사드 배치는 이미 전임 정부들 사이에서 협의되어온 사안이고, 우리 정부 역시 조속히 배치하겠다는 입장입니다. 하지만 전술핵 재배치는 아직 공식 논의된 상황은 아닙니다. 다만 미국은 이미 핵무기를 사용한 경험이 있고, 이는 강한 도덕적 트라우마로 남아 있습니다. 이러한 점을 포함해 미국의 전술핵 재배치의 실효성을 놓고 여러 가지 생각을 하고 있다는 점만 말씀드리겠습니다."

같은 시간, 평양의 김정은은 손시열의 내외신기자회견 생중계를 시청하고 있었다.

"저 자한테도 기대할 게 없겠군."

김정은이 담배를 들며 김영철을 바라보았다.

"김 동지가 보기엔 어떻소? 남조선이 핵무장을 할 수 있을 것 같소?"

"그 문제는 자세히 검토해보라고 책임부서에 이미 지시해놓았습니다. 조만간 정리해서 위원장께 보고하겠습니다."

김영철이 김정은의 담배에 불을 붙여주면서 대답했다. 김영철은 김양건이 교통사고로 사망한 이후 노동당 대남비서를 맡아온 인물로, 북한 내 대표적인 강경파로 알려져 있다.

"동지가 보기에도 남조선의 새로운 정부와도 글러버린 것 같소?"

"남조선 괴뢰패당은 제도통일을 획책해왔습니다. 이명박도
그렇고 박근혜도 그렇고. 저 사람이라고 다를 게 없어 보입니
다. 이럴 때일수록 우리 공화국은 핵 억제력을 백방으로 강화
하면서 남조선한테도 본때를 보여줘야 합니다."

"본때라……."

김정은은 담배 연기를 길게 내뿜으면서 김양건을 떠올렸다.

'그가 살아있었다면 어떤 조언을 해줬을까.'

김정은은 담배를 끄고 자리에서 일어났다. 더 들을 게 없다
는 표정으로.

서울에서는 손시열의 기자회견이 계속되고 있다.

"대통령께서도 아시다시피 미국은 우리에게 핵우산을 제공
하고 있습니다. 그럼에도 불구하고 우리가 독자적인 핵무장을
추진한다는 것은 미국의 안보공약을 못 믿겠다는 의미인가
요?"

《SBS》 기자가 물었다.

"한미동맹은 굳건합니다. 미국의 안보공약도 전적으로 신
뢰하고 있습니다. 아까 말씀드린 것처럼 핵무장을 당장 추진
하겠다는 뜻도 아닙니다. 최후의 보루로 검토하겠다는 것이

고, 검토한다면 미국과도 충분한 협의를 거칠 것입니다. 다만……."

손시열이 물을 한 모금 마시고 말을 이었다.

"북핵은 미국까지 겨냥하고 있습니다. 대륙간탄도미사일과 잠수함발사탄도미사일SLBM 전략화가 얼마 남지 않았다고 합니다. 그렇게 되면 북한이 미국에게 개입하지 말라고 위협하면서 우리를 공격할 가능성도 대비해야 합니다. 그래서 한국에 핵이 있느냐 없느냐가 중요합니다. 한국이 동맹을 굳건히 하면서도 독자적인 대북 핵 억제 능력을 갖게 되면 북한의 오판을 막을 수 있습니다. 또한 우리가 최후의 보루로 핵을 갖더라도 북한이 포기하면 우리도 내려놓을 것입니다."

"대통령께서는 대선 때 임기 중에 전시작전권을 환수할 계획이 없다고 하셨습니다. 만약 우리가 핵을 갖게 되더라도 전작권이 없으면 그 사용권한은 미국한테 있게 되는 것 아닙니까?"

《오마이뉴스》 기자가 물었다.

"이거 질문이 갈수록 날카로워지는군요."

손시열이 쓴웃음을 지었다.

"전작권은 어느 일방이 자의적으로 행사하는 것이 아닙니다. 한미 양국 대통령과 국방장관·합참의장·연합사령부의 협의 하에 행사됩니다. 이 정도로만 답변 드리겠습니다."

"한국에 사드가 배치되고 핵무장까지 추진하면, 경제회생은 불가능해질 것이라는 지적이 나오고 있는데 이에 대해서는 어떻게 생각하십니까?"

《한겨레》 기자의 질문이다.

"지금 당장 핵무장을 추진하겠다는 뜻이 아닙니다. 최후의 보루라고 말씀드린 바 있습니다. 그리고 다른 나라들이 사드와 핵무장에 대해 우려를 갖고 있고 그래서 반대한다면, 대안을 내놓을 책임이 있습니다. 우리 머리 위에 다모클레스의 칼*이 걸려 있는데, 그래서 언제 떨어질지 모르는데, 우리 정부가 어떻게 팔짱만 끼고 있을 수 있습니까?"

손시열이 단호한 어조로 이어 말했다.

"재차 강조합니다. 우린 결코 북핵을 머리 위에 두고 살 수는 없습니다."

"제 질문의 취지는……"

《한겨레》 기자가 더 질문하려고 했지만, 청와대 대변인이 제

---

* 다모클레스는 기원전 4세기 시칠리아 시라쿠사의 왕 디오니시오스 2세 때 사람이다. 다모클레스가 왕의 권좌를 부러워하자 왕은 자기 자리 위에 한 올 말총으로 칼을 매달아 놓고 그를 앉혔다. 왕의 자리가 언제 떨어질지 모르는 칼 아래 있는 것처럼 늘 위기와 불안 속에 있다는 것을 가르쳐준 것. 로마의 명연설가 키케로가 자주 인용했고, 1961년 케네디가 핵전쟁의 위험을 경고하기 위해 인용했다. 2015년 중국 시진핑이 항일전쟁 승전 70주년 열병식에서 '다모클레스의 칼이 인류 머리 위에 걸려있다'고 평화의 중요성을 강조한 바 있다.

지했다.

"미리 말씀드린 것처럼 질문 기회는 한 차례만 주어집니다. 이 점 양해해주시고, 마지막으로《중앙일보》기자 질문해주세요."

《중앙일보》기자가 나섰다.

"두 가지 질문 드리겠습니다. 먼저 지난달 특사단이 미국에 갔을 때, 미국 측에서 1개 사드 포대는 주한미군이 배치하고 1개 포대는 한국이 구매해서 배치해달라는 요구가 있었다는 보도가 있는데, 이에 대한 입장을 듣고 싶습니다. 두 번째는 경제와 관련된 것입니다. 사드가 배치되고 핵무장까지 추진하면 경제적 불이익이 클 것이라는 우려가 팽배합니다. 이에 대한 대책도 말씀해주십시오."

손시열이 슬쩍 뒤를 돌아보자 인수위에서 청와대로 직행한 정연철이 가까이 와 귓속말을 했다. 손시열이 고개를 끄덕이고 기자들을 바라보았다.

"아까 말씀드린 것처럼 당장 핵무장을 추진한다는 것은 아닙니다. 최후의 보루입니다. 그리고 우리의 핵무장에 우려를 표하는 나라들은 그 대안을 제시할 책임도 있다고 말씀드렸습니다. 안보문제가 경제에 부정적인 영향을 미치는 핵심적인 이유는 북핵 때문입니다. 우리가 북핵을 저지할 수단을 갖추면 일시적인 어려움은 있을 수 있지만, 대북 방어태세가 확고해지면 오히려 안보리스크가 줄어들면서 경제에도 도움이 될 것이라고 생각합니다. 아울러 다른 나라와의 경제는 상호의존적이고, 세계무역기구WTO는 정치적 이유로 경제적 보복을 못하도록 하고 있습니다. 그리고 현 시점에서 우리가 사드를 구매할 계획은 없습니다."

"현 시점에 없다면……."

《중앙일보》기자가 재차 물으려고 했지만, 청와대 대변인이 또다시 제지하고 나섰다.

"기자회견은 이것으로 마치는 것으로 하겠습니다. 추가적인 설명은 관련부처에서 브리핑하겠습니다."

백악관

손시열의 기자회견 다음날, 워싱턴 백악관에서는 긴급 국가안전보장회의NSC가 열렸다. 힐러리 클린턴 대통령이 참모들을 둘러보며 물었다.

"어때요? 한국이 과연 핵무장을 추진할까요? 가능성이 있습니까?"

로버트 코헨 국방장관이 단호하게 말했다.

"용인할 수 없습니다. 한국이 핵무기를 갖게 되면 NPT 핵확산금지조약 체제는 붕괴되고 맙니다. 우리의 핵우산에 대한 신뢰도 약화되면서 전 세계적인 동맹전략에도 큰 차질을 빚게 됩니다."

클린턴이 고개를 끄덕이며 다시 물었다.

"한국의 핵무장 추진을 우리가 막을 방법은 무엇인가요?"

이번에는 웬디 샤먼 국무장관이 대답했다.

"우리의 입장을 한국에 확실히 전달해야 합니다. 우리가 한국의 핵무장을 용인할 수 없는 이유를 구체적으로 밝히면서, 그래도 한국이 핵무장을 추진하면 동맹을 유지하기 어려워지고, 유엔 안전보장이사회에서 한국에 대한 제재를 추진하면 우리도 어쩔 수 없다고 말해야 합니다. 최근 한국 정부에서 손시열 대통령의 방미 일정을 잡자는 연락이 왔는데, 그의 방미도 이 문제와 연계시켜야 합니다."

샤먼의 말을 듣던 코헨이 클린턴에게 시선을 돌려 말했다.

"이미 한국 정부도 그걸 알고 있을 겁니다. 한국 정부의 마음을 돌려 세우려면 다른 대책이 필요합니다. 한국에 대한 안보공약 강화 차원에서 1차적으로는 사드를 조속히 배치하고, 그 다음에는 전술핵 배치를 논의하겠다는 입장을 전달하는 것은 어떻습니까? 사실 한국의 의도는 우리의 우려를 자극해 전술핵 재배치를 받아내려는 것입니다."

샤먼이 의아한 표정으로 코헨을 바라보았다.

"그럼 우리가 한국의 의도에 넘어가는 셈이 되는 것 아닙니까?"

코헨이 샤먼에게 어깨를 으쓱해 보이고 말했다.

"전술핵 재배치는 우리한테도 필요합니다. 북한은 이미 핵 미사일을 보유한 상태이고, 어쩌면 전술핵을 방사포에 이미 장착했거나 임박했다고 볼 수 있습니다. 이렇게 되면 주한미군의 대북 억제력은 큰 손실을 입게 됩니다. 한반도에서 군사력 균형도 우리에게 불리해집니다. 그래서 대북 억제력도 강화하고 한국의 핵무장론도 억제하기 위해 전술핵 재배치를 긍정적으로 검토할 필요가 있습니다."

클린턴이 알겠다는 듯 고개를 끄덕였다.

"으음, 전술핵 재배치로 이중 억제를 하자는 뜻이군요. 그런데 한국에 갖다놓을 전술핵이 있기는 한 겁니까?"

코헨이 걱정 말라는 듯 살짝 미소를 보였다.

"현실적인 방안이 있습니다. 오바마 행정부 때부터 개발에 착수한 'B61-12'를 주한 미 공군에게 공급하는 것입니다."

오바마 행정부 때 개발 착수된 'B61-12'는 미국의 대표적인 전술핵인 B61의 개량형으로 주로 북한 등 적대국의 핵실험장이나 핵무기 보유고를 타격하기 위한 것이다. 정확도를 크게 높여 군사적 효율성은 극대화하면서도 폭발력을 크게 낮춰 부수적 피해와 방사능 낙진은 최소화해 미국의 핵 공격 옵션을 다양화하겠다는 의도가 내포된 것이다. '스마트 핵무기'로 불리는 'B61-12'는 30년간 1조 달러를 투입하는 미국의 핵무기 현대화 계획의 일환으로 약 300억 달러를 투입해 1000개를 확보한다는 계획이다. 코헨은 이 핵무기를 한국에 배치하자고 제안한 것이다.

"사드의 조속한 배치는 충분히 고려할 수 있는 대안입니다. 이제 주한미군에 사드를 배치할 여력이 충분히 생겼으니, 그건 우선적으로 추진할 수 있을 것입니다. 중국과 러시아의 반대도 더 이상 고려하지 말아야 합니다. 그러나 전술핵 재배치에는 현실적으로 몇 가지 따져봐야 할 문제가 있습니다."

수전 킴 백악관 안보보좌관이 좌중을 돌아보며 다른 견해를 피력했다.

"첫째는 공개와 비공개의 문제입니다. 아이크처럼 비밀리에 전술핵을 한국에 배치하는 방법을 고려해볼 수 있습니다.* 그런데 이렇게 하면 그 효과가 별로 없게 됩니다. 한국 국민들의 60% 가량이 핵무장을 찬성하고 있는데, 비밀리에 우리 전술핵을 재배치하면 한국 국민도 모르게 됩니다. 대

---

* 1950년대 후반 아이젠하워 대통령은 '대량 보복 전략'의 일환으로 한국에 전술핵을 배치하기로 결정했다. 그러나 이는 '신무기' 배치를 금지한 정전협정을 정면으로 위반하는 것이었다. 이에 따라 미국은 비밀리에 핵무기를 한국에 배치했었다.

북 억제효과도 크지 않을 수 있고요. 그렇다고 공개적으로 배치하면 국제사회의 여론이 호의적일 것이라고 장담할 수 없습니다. 또 북한은 미국이 정전협정을 위반했다며 더 거칠게 나올 것이 불 보듯 뻔합니다. 한국 내에서 주한미군 기지 반대운동이 격화될 가능성도 있고요. 둘째, 한국 대통령이 미국 전술핵 사용권한을 달라고 요구할 가능성도 있습니다. 한국 정부가 독자적인 핵무장을 암시한 것도 이걸 노린 것으로 보입니다. 한국 대통령 자신이 사용권한을 가져야 실효성이 있고 또 한국 국민의 여론도 달랠 수 있다면서 말입니다. 이렇게 되면 핵무기는 '대통령의 무기'라는 미국 핵전략의 근간이 흔들리게 됩니다. 셋째, 러시아와 중국의 반응도 걱정입니다. 외교적인 항의야 그렇다 치더라도 이들 나라가 전술핵 증강에 나설 경우 전 세계 전역에 걸쳐 큰 문제를 야기할 수 있습니다."

월리엄 게이츠 CIA 국장이 헛기침을 하며 끼어들었다.

"좀 상황을 달리 볼 필요도 있을 겁니다."

좌중의 시선이 윌리엄 게이츠 CIA 국장에게 모아졌다.

"한국 정부가 핵무장을 하고 싶은 정치적인 의지는 있더라도 그 여건은 결코 녹록치 않습니다. 일단 국제원자력기구^{IAEA}가 면밀히 감시하고 있는 상황에서 한국이 비밀리에 핵무기를 개발하는 것은 불가능합니다. 실험실에서 극소량의 핵물질을 생산할 수는 있겠지만, 무기급으로 가기는 어렵습니다. 무기급 핵물질을 생산하려면 우라늄 농축시설이나 재처리시설을 만들어 가동해야 하는데, 여기에는 최소 2년 정도의 시간이 걸립니다. 아마 해당 지역 주민들의 반대로 더 늦어질 것이고요. 설사 핵물질을 생산하더라도 핵실험을 할 마땅한 장소도 없습니다."

클린턴이 게이츠를 바라보았다.

"우리가 대처할 시간적인 여유가 충분하다는 말씀인가요?"

"그렇습니다. 남한은 북한과 달리 우라늄을 전량 해외에서 수입해야 합니다. 우리가 만류해도 말을 듣지 않는다면, 우라늄 금수조치부터 내릴 수 있을 겁니다. 또한 핵개발 용도로 사용될 수 있는 이중용도* 품목에 대한 금수조치도 고려할 수 있고요. 이미 핵무기 개발 의혹 국가에 대해서는 이중용도 기술과 품목 거래를 금지하는 다자간 전략물자 수출통제 체제가 있기 때문에 다른 나라들의 동참도 어렵지 않게 확보할 수 있습니다."

"일단 중요한 건 한국의 핵무장 추진을 초기부터 막는 것입

---

* 핵은 원자력 발전 등 평화적으로도, 핵무기를 의미하는 군사적 목적으로도 사용할 수 있다. 이를 이중용도라고 한다. 즉 민간용으로 제조, 개발되었지만 군사용으로도 사용할 수 있는 품목 전부를 가리킨다.

니다. 한국에서 핵무장이 공론화되고 한국 정부가 그 방향으로 조금씩 움직이면 상황은 걷잡을 수 없게 됩니다."

샤먼이 이어 말했다.

"우리가 한국의 핵무장을 반대하고 제재까지 가하면 한국 내 반미감정이 폭발할 위험도 큽니다."

킴도 국무장관을 거들고 나섰다.

"맞습니다. 우리는 결단코 한국이 핵무장의 문턱을 넘지 못하게 해야 합니다. 한국이 그 문턱을 넘게 되면 우리로서는 대단히 곤란해집니다. 한국의 핵무장을 인정할 수도, 그렇다고 동맹을 파기하기도 어려워집니다. 초장에 우리 입장을 확실해 해야 합니다."

클린턴과 참모들은 한국의 핵무장을 용인할 수 없다는 데 의견을 같이 했다. 웬디 샤먼 국무장관이 못을 박듯 말했다.

"원자력협정에 의해 한국이 사용후연료의 형질 변경을 하려면 우리의 동의부터 받아야 합니다. 이걸 허용하지 않겠다는 입장부터 분명히 해야 합니다."

클린턴이 샤먼을 바라보며 물었다.

"한국 언론의 반응은 어떤가요?"

샤먼이 책상 위 자료를 슬쩍 쳐다보고 말했다.

"《조선일보》와 《동아일보》는 핵무장을 강력히 추진해야 한다는 입장이고 《중앙일보》는 신중한 태도를 보이면서 우리의 전술핵 재배치를 요구하고 있습니다. 그런데 조선과 동아의 보도에서 흥미로운 점이 발견됩니다. 우리한테 하는 말인데요. '한국의 핵무장을 인정하든, 아니면 미국의 전술핵을 재배치하든 양자택일하라'는 식의 보도가 많이 나오고 있습니다."

샤먼의 말에 수전 킴이 다소 격앙되었다.

"바로 그겁니다. 한국인들이 독자적인 핵무장을 얘기하는 건 우리를 향해 전술핵을 갖다놓으라는 협박용입니다. 지렛대로 쓰고 있는 것입니다. 그래서 전술핵 재배치는 더욱 신중해져야 합니다."

핵무장은 용인할 수 없다는데 의견이 일치했지만 전술핵에 관해서 입장이 서로 달랐다. 국방장관 로버트 코헨이 안보보좌관 수전 킴을 노려보면서 말했다.

"그걸 역이용하자는 것입니다."

코헨의 시선은 여전히 킴에게 고정돼 있고 어조는 더 강해졌다.

"아까 당신이 우리가 한국에 전술핵을 배치하면 우리의 이미지가 깎일 것이라고 했죠? 그런데 생각해보세요. 이건 우리가 원해서가 아니라 한국의 요청을 우리가 받아들인 것이라고 하면 국제사회가 우리를 비난할 근거도 약해집니다. 그리고 한국 대통령이 우리 전술핵 사용권을 달라고 하면 어떻게 할 거냐고요? 그건 간단합니다. 한국 정부는 전시작전통제권을 계속 우리한테 맡기려고 합니다. 전술핵 사용권을 달라고 하면, 전작권부터 가져가라고 하면 찍소리도 못할 겁니다. 그리고 중국하고 러시아가 전술핵을 늘린다고요? 그렇게 해보라고 하세요. 예전에 우리랑 군비경쟁 붙었다가 망한 소련 꼴 나고 싶으면 말입니다."

킴이 발끈하여 반박했다.

"한국이 전작권을 가져가겠다고 하면 어떻게 할 겁니까? 그리고 중국과 러시아가 우리한테 맞설 수 있는 방법은 다양합니다. 그들이 전략무기 협력을 강화하면 우리에게 큰 위협이 되겠지요."

코헨이 어이없다는 표정을 지었다.

"나 참, 한국 정부를 몰라도……."

코헨이 말을 받으려고 하자 클린턴이 말을 끊었다.

"왜 두 사람은 사사건건 부딪칩니까? 휴, 어쩌다 이 지경이 되었는지. 일단 이렇게 합시다. 내가 청와대에 전화를 걸어 발언수위를 낮춰달라고 요구하겠습니다. 그리고 가까운 시일 내에 수전이 내 친서를 들고 청와대를 방문해주세요."

평양

"수전,《뉴욕타임즈》봤어요?"

워싱턴 시간으로 3월 12일 오전 6시, 백악관 대변인으로부터 《뉴욕타임즈》를 건네받은 클린턴이 수전 킴 백악관 안보보좌관에게 전화를 걸어 물었다.

"네? 아직……."

"지금 나가서 신문을 보세요. '미국, 한국에 전술핵 배치 검토'라는 머리기사가 실려 있어요. 누가 이런 내용을 언론에 흘린 겁니까? 파장이 만만치 않을 테니, 대변인과 상의해서 즉각 부인 성명을 준비해주세요."

"네, 확인해보고 즉각 조치를 취하겠습니다."

'국방장관 이 자가 혹시…….'

킴은 어제 있었던 로버트 코헨과의 논쟁을 떠올리며 펜타곤이 국내외 여론을 떠보기 위해 《뉴욕타임즈》에 흘린 것이 아닌가 하는 의혹을 가졌다.

그 날 오전 백악관 대변인이 《뉴욕타임즈》보도 내용을 부인했지만, 사태는 일파만파로 번져나갔다. 중국과 러시아 정부는 미국의 한국 내 전술핵 재배치는 핵무기 이전을 금지한 NPT를 위반하는 것이자 한반도 정세를 악화시킬 우려가 크다며 반대의 뜻을 분명히 했다.

북한 국방위원회와 외무성도 즉각 성명을 발표해 "미국이 핵전쟁의 야욕을 드러냈다"며 "미제국주의자들의 핵이 조선반도에 도착하기 전에 핵 불방망이의 맛을 톡톡히 보게 될 것"이라고 위협했다. 또한 남한의 핵무장 추진에 대해 "하루 강아지 범 무서운 줄 모른다"며 "남조선은 핵무력을 손에 넣기 전에 불바다의 맛부터 보게 될 것"이라고 위협했다. 그러면서 전군에 비상경계 태세를 발동하는 한편, 전략로켓군에 즉각 타격 준비를 갖추라는 김정은 노동당 위원장의 지시도 공개했다. 그는 국방위원회 제1위원장, 노동당 제1비서 등의 직책을 사용하다가 2016년 5월 당 대회 때 '노동당 위원장'으로 추대됐다.

김정은은 성명 발표 직후 북한판 NSC로 불리는 '국가안전 및 대외부문 일꾼협의회'를 소집했다.

"두 가지 안건이오. 미제가 남조선에 핵을 끌어들인다는데 어떻게 대처하는 게 좋겠소? 남조선의 핵무장 추진에 대한 의견도 자유롭게 개진해봅시다."

리명수 인민군 총참모장이 강경파답게 큰 목소리로 우렁우렁 말했다.

"빈말을 할 줄 모른다는 것을 보여줘야 합니다. 미제 핵이 남조선에 들어오면 우리 공화국의 전략적 이점도 사라지게 됩니다. 우리의 핵 억제력은 조선반도 유사시 미국 놈들의 개입을 막을 보검입니다. 그런데 미국의 전술핵이 남조선에 배치되면 이게 소용없게 됩니다. 오기 전에 쳐야 합니다."

김정은이 짜증난다는 듯 인상을 쓰고 따지듯 물었다.

"어디를 쳐야 한다는 거요? 미국을? 남조선을? 그럼 전면전 아니오."

김정은의 말에 리명수 총참모장이 움찔하자 황병서 인민군 총정치국장이 나섰다.

"미국의 입장이 공식 결정된 건 아닙니다. 아직 대응할 시간적인 여유가 있습니다. 우선 이미 밝힌 것처럼 전군의 결전 태세를 유지하고 이를 계속 공개해 우리의 단호한 의지를 과시해야 합니다."

김정은이 황병서 총정치국장을 바라보고 물었다.

"그래도 미국이 핵을 남조선에 들여놓는다면? 그리고 미국이 공개하지 않아도 우리가 알 방도가 있소?"

이번에는 리용호 외무상이 나섰다.

"미국도 쉽게 핵무력을 남조선에 갖다 놓지 못할 겁니다. 또 미국이 비밀리에 들여다 놓으면 남조선 인민들의 핵무장을 지지하는 여론을 억제하는 데에 효과가 없을 것이기 때문에 그러지도 못할 것 같습니다."

김정은은 고개를 끄덕이고 잠시 생각하다가 다시 물었다.

"미국이 핵을 안 들여다 놓으면, 남조선이 핵을 만들려고 할 텐데, 이건 어떻게 해야겠소?"

총참모장 리명수가 대답에 나섰다.

"그건 크게 걱정하실 필요 없습니다. 남조선 놈들 허풍만 늘어놓지 실제로는 핵을 못 만들 겁니다. 미국한테 전술핵 갖다달라고 조르려고 핵무장 어쩌고저쩌고 하는 것입니다. 남조선은 우라늄 수입만 못해도 핵동력을 다 멈춰 세워야 합니다. 우리야 우리식 경제로 버틸 수 있지만, 남조선이야 경제제재를 어떻게 버티겠습니까? 남조선 경제의 대외의존도가 80퍼센트가 넘는다고 하니, 아마 핵무력을 갖기도 전에 백기투항

하고 말 겁니다."

리명수 총참모장의 말에 핵과 미사일 개발을 책임지는 리만건 군수공업부장이 끼어들었다.

"너무 안일하게 생각하면 안 됩니다. 남조선에는 사용후연료가 상당히 많습니다. 우라늄 비축량도 적지 않을 것이고. 미국 놈들이 남조선에 경제제재를 가하는 것도 쉽지만은 않습니다."

황병서가 리만건과 다른 견해를 밝혔다.

"중국 때문에라도 남조선이 쉽게 핵무장을 하지 못할 겁니다. 남조선 경제가 죄다 중국에 의존하고 있는데 중국 눈치를 보지 않을 수 없는 처지입니다. 옛날에는 미국이 기침만 해도 남조선이 감기에 걸린다고 했는데, 이젠 중국이 기침만 해도 남조선은 몸살이 날 겁니다."

황병서의 낙관적 견해에 김정은 얼굴이 좀 펴졌다.

"중국이 남조선의 핵무장을 막을 것이다. 으음, 그건 어쨌든 시간적인 여유가 있다하니 나중에 다시 논의해보기로 합시다. 그건 그렇고 우리 공화국의 핵무력 건설은 어떤 상황이오?"

리만건 군수공업부장이 자료를 보며 대답했다.

"올 초에 보고 드린 것처럼, 현재 정형화된 무기는 30개입니다. 미사일에 탑재한 핵탄두가 15개이고 15개는 여분으로 비축해놓고 있습니다. 그리고 미국이 핵을 남조선에 배치하거나 남조선이 핵을 만들어도 우리가 계속 우위에 설 수 있습니다. 현재 가동 중인 경수로를 핵무력 건설 쪽으로 돌리면 연간 5개 정도는 족히 만들 수 있습니다. 또한 필요하다면 50메가와트 흑연감속로 건설도 다시 할 수 있습니다. 완공까지 2년, 이걸 가동해서 핵물질을 생산하면 연간 10개 가까운 무기를 만들 수 있습니다. 대륙간탄도미사일과 잠수함발사탄도미사일 SLBM, 그리고 신형 방사포에 핵폭탄을 탑재하는 것도 거의 완료단계에 와 있습니다."

김정은이 잠깐 생각에 빠지더니 푸념하듯 물었다.

"그런데 우리의 최종적인 목표를 어디에 둬야 합니까? 우리가 병진노선을 천명한 이후 핵무력 건설에는 큰 진전이 있었지만, 경제건설은 여전히 지지부진하오. 누구 말대로 플루토늄을 먹고 살 수도 없는* 노릇이고."

---

* 2001년부터 2006년까지 조지 W. 부시 행정부의 대북정책을 주도했던 네오콘들이 즐겨 쓴 표현. 네오콘은 신보수주의(新保守主義, neo-conservatism)를 일컫는데 70년대에 생겨나 현재까지 미국 정치의 한 흐름을 장악하고 있다. 미국적 가치를 최우선으로 무력을 사용해서라도 전 세계에 이를 확산시켜야 한다는 공격적 태도를 가진다. 미국이 선이고 반미국은 악으로 간주한다. 로널드 레이건, 조지 W. 부시, 도널드 럼스펠드 등이 대표적이다. 2002년 연말 북미 제네바합의가 파기되자, 북한은 이듬해 1월 핵확산금지조약(NPT)에서 탈퇴를 선언하고 핵무기를 만들 수 있는 플루토늄 생산에 박차를 가했다. 그러자 네오콘들은 "북한정권이 주민들은 굶주리는데, 플루토늄 생산에만 몰두하고 있다. 플루토늄을 먹고 살 수 있나"라며, 북한을 '악의 축'이라고 불렀던 자신들의 대

리명수가 김정은을 위로하듯 말했다.

"이제 결전의 날이 다가오고 있습니다. 우리 공화국이 그 누구도 무시하지 못할 힘을 갖게 되었으니, 적들도 우리말을 듣지 않을 수 없을 겁니다."

그러나 리용호 외무상의 뉘앙스는 좀 달랐다.

"다시 협상전략을 세워야 합니다. 남조선 주둔 미군문제에 대해서도 우리가 좀 유연해질 필요가 있습니다. 이걸 고수하면, 남조선이나 미국은 절대로 협상에 나오지 않으려고 할 것입니다."

김정은은 2016년 5월, 36년 만에 열린 당 대회에서 이렇게 말한 바 있다.

"미국은 핵강국의 전렬에 들어선 우리 공화국의 전략적 지위와 대세의 흐름을 똑바로 보고 시대착오적인 대조선적대시정책을 철회하여야 하며 정전협정을 평화협정으로 바꾸고 남조선에서 침략군대와 전쟁장비들을 철수시켜야 합니다."

김정은이 그 생각이 나는지 발끈했다.

북관을 정당화시켰다.

"아니 남조선에 미군 놈들이 있으니까 문제가 안 풀리는 거 아니오. 군대가 있으니 훈련을 해야 한다고 하면서 툭하면 핵 타격수단을 끌어들이고. 미국 놈들이 문제를 풀 의사가 있었으면 진즉에 했을 거 아니오. 이미 우리는 미국에게 충분한 기회를 줬소. 미국 놈들한테 분명히 말하시오. 우리가 핵을 내려놓길 원한다면 남조선에 있는 미군부터 철수시키라고."

청와대

거의 같은 시각 청와대 NSC 회의. 손시열 대통령이 좌중을 돌아보며 물었다.

"우리의 핵무장 능력은 어떻습니까? 혹자들은 내가 결심만 하면 18개월 정도 걸릴 것이라고 하던데……"

정연철 청와대 안보실장이 대답했다.

"우라늄은 전량 수입에 의존해야하니 고농축 우라늄방식보다는 플루토늄이 현실적입니다. 현재 사용후연료가 1만6천 톤 정도입니다. 이걸 재처리해서 플루토늄을 추출하면 많은 양의 핵무기를 만들 수 있습니다."

손시열이 다시 물었다.

"우리가 핵무장을 추진하면 우라늄을 수입 못하게 될 텐데 대책은 있습니까?"

정연철이 미간을 찡그리며 대답했다.

"현재 24기의 원전을 가동할 수 있는 우라늄은 1년 치 정도 남아 있습니다. 그 다음은 마땅한 대책이 없습니다."

"원전 제로를 각오해야 한다는 말이군요."

손시열이 한숨을 내쉬면서 이번에는 외교부장관을 바라보고 물었다.

"우리가 핵무장을 추진하면 경제제재는 어떻게 될 것 같습니까?"

외교부장관 역시 한숨을 내쉬고 대답했다.

"중국과 러시아는 안보리에 회부하려고 할 것입니다. 미국은 안보리 회부에는 동의할 것 같지만 경제제재 부과에는 여러 모로 저울질하면서 고심할 것 같습니다. 안보리 제재도 제재지만 중국이 가장 큰 걱정입니다. 현재 중국에 대한 무역의존도가 30%에 달하는데, 중국이 우리의 핵무장을 눈감아줄 것 같지는 않습니다."

그러자 국정원장이 반론을 제기했다.

"어차피 중국과의 경제 관계는 상호의존적입니다. 우리한테 제재를 가하면 자기들 경제에도 부정적인 영향을 줄 텐데 쉽게 그렇게 하지는 못할 겁니다. 중국에 명확한 입장을 전달해야 합니다. 중국이 북한의 숨통을 끊어놓든지 우리의 핵무장을 감수하든지 양자택일하라고 말입니다."

손시열이 허허 웃었다.

"거 국정원장께서는 북한과 많이 다투시더니만, 말씀하시는 것도 북한을 닮아가는 것 같군요. 중국은 자신이 북핵을 해결하는 게 미션 임파서블이라고 하지 않습니까? 그건 그렇고 우리가 핵무장을 추진하면 한미동맹이 깨질 것이라는 얘기도 있던데요."

이번에는 국방장관이 나섰다.

"미국이 그러지는 못할 겁니다. 겁은 주겠지만 우리가 문턱을 넘어서면 미국도 어쩌지는 못할 것입니다. 이스라엘이나 인도, 파키스탄 사례를 봐도 그렇고요."

그러나 외교부장관은 생각이 달랐다.

"그렇게 쉽게 볼 일은 아닙니다. 그들 세 나라는 NPT 비회원국이고, 우리는 회원국입니다. NPT를 탈퇴해 핵무장을 추진하면 안보리 차원에서 다뤄야 한다는 국제적 공감대도 과거보다 훨씬 높습니다. 국제 비확산체제는 미국이 주도해왔다는 점에서 한미동맹의 파기까지는 아니더라도 상당한 혼란은 감수해야 할 것 같습니다."

손시열이 고개를 끄덕이며 의자를 당겨 앉았다.

"내일 백악관 안보보좌관이 온다는데, 뭘 논의해야겠습니까?"

국방장관이 단호한 말투로 대답했다.

"두 가지를 요구해야 합니다. 하나는 중국이 포괄적이고 강력한 대북제재에 동참할 수 있도록 압력을 가해달라고 해야 합니다. 중국이 북한의 4차 핵실험과 장거리로켓 발사 이후에 제재를 강화하는 척 하다가 시간이 지나면서 흐지부지되고 있습니다. 둘째는 미국이 전술핵을 재배치해야 하고, 전술핵에 대해서 대통령님의 사용권한을 보장해달라고 해야 합니다. 이게 어렵다면 우리가 핵무기를 만들 수밖에 없다고 말씀하셔야 합니다."

손시열이 고개를 끄덕였다.

"어차피 우리가 핵무장을 검토하겠다는 것은 미국의 전술핵 재배치를 겨냥한 지렛대이니 그렇게 하기로 하고……. 그런데 내가 미국 핵무기 사용권한을 가질 수는 있는 것이오?"

손시열의 질문에 외교부장관이 곤혹스러운 표정을 지었다.

"아마 쉽지 않을 겁니다. 미국은 전통적으로 '핵무기는 대통령의 무기'라는 인식이 대단히 강합니다. 과거 나토의 사례가 있기는 한데, 좀 애매합니다."

그러나 국방장관은 여전히 강경했다.

"사용권한을 주지 않으면 핵무장을 할 수밖에 없다고 말해야 합니다. 국민들의 압도적인 핵무장 지지 여론도 큰 힘이 될 것입니다."

그러나 국방장관의 말은 손시열에게 힘이 되지 못하는 모양이다.

"뭐, 독자적인 핵무장도 어렵고, 중국이 북한의 숨통을 끊어버릴 일도 없을 테고, 그렇다고 미국 핵을 내가 사용할 수 있는 것도 아니고. 우리 뜻대로 할 수 있는 게 거의 없군요. 내일 백악관 안보보좌관을 만난 다음 또 대책을 논의해봅시다."

의표

"우리 솔직히 말해봅시다."

손시열 대통령이 몸을 앞으로 숙이면서 말했다.

"미국이 서울을 구하기 위해 LA를 희생시킬 수 있습니까? 북한은 이미 미국 본토를 공격할 수 있는 핵미사일을 갖고 있다고 하지 않습니까?"

손시열은 클린턴의 친서를 들고 청와대를 방문한 수전 킴과 마주 앉아 있다. 수전 킴이 살짝 미소를 보이며 말했다.

"우리의 안보공약은 확고합니다. 이걸 의심하실 필요는 없습니다."

손시열의 표정을 살핀 수전 킴이 계속 말했다.

"또한 우리의 미사일방어MD 능력은 나날이 강화되고 있습니다. 한국이 우리 및 일본과의 3자 MD에 더 큰 기여를 한다면, 대북 억제력과 방어력을 동시에 강화할 수 있을 겁니다."

손시열이 고개를 끄덕였다.

"미국을 못 믿겠다고 하는 얘기가 아닙니다. 제가 심사숙고해봤습니다. 우리가 살자고 친구한테 또 핵무기를 사용해달라고 요구하는 게 맞는 것인지, 미국 국민이 엄청난 희생을 치를 수도 있는데 그걸 요구해야 하는지. 그래서 고심 끝에 핵무장 추진을 고려하고 있는 겁니다."

수전 킴은 예상했다는 듯이 여전히 미소를 띠고 말했다.

"우리는 피를 나눈 동맹이자 친구입니다. 친구가 어려울 때 도와주는 건 당연합니다. 한국의 안보를 지키는 게 우리에게도 큰 이익이고요. 우리의 의지를 확신시켜드리기 위해 추가적인 MD 배치도 추진 중입니다. 대통령께서 동의해주시면 사드를 수개월 내에 한국에 영구적으로 배치할 수 있습니다."

수전 킴에 비해 손시열은 초조해보였다.

"사드 배치 문제는 우리도 호의적으로 고려하고 있어요. 조만간 확답을 드리리다. 그런데 문제가 있어요. 귀하도 알다시피 북한의 SLBM 전력화가 초읽기에 들어갔어요. 이게 전력화되면 사드는 무용지물이 되는 것 아닙니까? 그리고 신형 방사포에 핵탄두 탑재도 가능해질 것이라는 얘기도 있고요."

수전 킴의 대답은 원론적이다.

"이미 한미동맹의 대잠수함 능력은 획기적으로 발전해 있습니다. 일본의 초계능력도 십분 활용한다면 큰 도움이 될 것입니다. 미국이 수시로 전략자산을 동원해 대북 무력시위를 하고 있으니, 대북 억제력은 그 어느 때보다 강력합니다. 걱정 안하셔도 됩니다."

손시열이 미간을 찡그렸다.

"그거야 예전부터 있었던 것이고. 그리고 미국이 전폭기와 전투기, 핵잠수함을 투입할 때 핵무기를 실제로 탑재한 것은 아니지 않습니까? 우리 머리 위에 북핵이 차곡차곡 쌓이고 있으니 우리 땅에도 핵이 있어야 북한이 까불지 못할 것 아닙니까?"

수전 킴이 다소 정색한 표정으로 말했다.

"실제 핵폭탄을 달고 훈련하는 것 자체가 없었던 일입니다. 이건 미국 단독 훈련이나 다른 나라와의 훈련 때에도 마찬가지입니다. 거듭 말씀드리지만 미국의 한국 방어 의지는 추호도 의심할 필요가 없습니다."

손시열이 손을 저으며 말했다.

"미국을 의심한다는 게 아닙니다. 김정은이 핵을 믿고 언제 덤벼들지 모르는 일입니다. 그리고 뭐냐, 북한은 2차 공격 능력을 갖고 있지 않습니까? 그래서 한 방 쏘고, 또 맞고 싶지 않으면 보복할 생각하지 마라. 이렇게 나올 수도 있는 거 아닙니까? 그래서 한국에 핵이 있어야 한다는 겁니다. 북한이 까불지 못하게 하고, 또 너희들이 핵을 포기하면 우리도 포기하겠다, 이런 식으로 핵 폐기 협상을 하려면 우리한테도 핵이 있어야 합니다."

수전 킴의 어조가 단호해졌다.

"우리 대통령께서 친서에도 명확히 밝힌 것처럼 한국의 핵 무장은 용납할 수 없습니다."

손시열의 얼굴이 약간 붉어졌다.

"용납할 수 없다? 거 좀 불쾌해지는군요."

수전 킴이 손시열을 빤히 바라보았다. 손시열이 이어 말했다.

"그렇다면 대안을 내놔야 하지 않겠습니까? 얼마 전 미국 신문에 전술핵 재배치 기사가 나왔던데 그건 무슨 얘기입니까?"

'이제 속내를 드러내는군.'

킴이 손시열을 응시하면서 대답했다.

"그건 오보입니다. 다만 상황이 계속 악화되면 추후에 미국의 전술핵 재배치도 논의해볼 수 있다는 게 우리 행정부의 방침입니다. 하지만 지금 당장 논의할 사항은 아닙니다."

손시열이 기회가 왔다고 생각하고 말을 받았다.

"분초를 다툴 정도로 북한의 위협이 커지고 있는데, 지금 논의하지 않으면 언제 논의합니까?"

수전 킴이 뭐라고 말하려고 했지만 손시열이 빨랐다.

"북한이 저렇게 날뛰고 있는데 미국이 전술핵을 배치하는 게 쉽겠습니까? 그리고 중국과 러시아는 귀국의 전술핵 재배치가 NPT 위반이라고 하는데 이에 대한 생각은 어떠신가요?"

수전 킴이 냉정을 되찾고 천천히 말했다.

"나토에서도 그런 사례가 있었습니다. NPT 조항은 전시에는 제약받지 않는다는 것이 나토의 입장입니다. 마찬가지 내용을 한미동맹에도 적용하면 될 것 같습니다."

손시열이 본심을 드러냈다.

"그러면 우리 땅에 배치된 미국 핵의 통제권은 누가 갖게 됩니까?"

수전 킴도 기다렸다는 듯 대답했다.

"당연히 미국 대통령이 통제권을 갖습니다."

손시열이 재차 확인질문을 했다.

"저한테 사전에 동의를 받고요?"

수전 킴이 손시열을 응시하면서 대답했다.

"사전협의는 거칠 수 있습니다."

그러나 손시열도 물러서지 않았다.

"협의와 동의는 다르지 않습니까? 제가 동의하지 않으면 어떻게 되는 겁니까?"

손시열이 단도직입적으로 따지고 들자 수전 킴도 다소 당황한 듯 보였다.

"충분한 협의를 거칠 것이기 때문에……."

손시열이 수전 킴의 말을 끊고 쏘아붙이듯 말했다.

"생각해보세요. 미국이 북한에게 핵을 쓰면 그건 전면전입니다. 핵 낙진 피해가 한국에게 미칠 수도 있고요. 그런데 한국 대통령의 동의를……."

수전 킴도 지지 않겠다는 듯 손시열의 말을 끊고 나왔다.

"대북 핵공격은 어차피 전시를 상정한 것입니다. 전시에는 당연히 두 나라 대통령과 군 지휘부가 면밀한 협의를 하게 될 것이고요. 대통령께서는 너무 걱정하실 필요 없습니다."

손시열이 길게 한숨을 쉬고 말했다.

"한반도에서 핵전쟁은 상상할 수 없는 일입니다. 중요한 건 억제력 강화이고 이를 위해서는 핵에는 핵이라는 단호한 대응이 필요합니다. 그래서 제가 독자적인 핵무장이 필요하다고 생각하는 것이고요."

수전 킴의 대답은 확고하고 명확했다.

"여러 차례 말씀드린 것처럼 한국의 핵무장은 필요하지도 않고 또 용인할 수도 없습니다. 이건 우리 정부와 대통령의 확고한 입장입니다."

추가적인 설전이 오고간 다음 손시열이 미국은 전술핵을 조속히 재배치하고 그 통제권을 자신에게 달라고 제안했다. 미국은 한국전쟁 직후 대량 보복 전략에 따라 한국에 전술핵을 대거 배치했었다. 그러나 한국 정부에 이를 알리지 않은 채, 전술핵 배치 여부에 대해 확인도, 부인도 하지 않는 'NCND'를 고수했었다. 그러다가 1987년 소련과의 중단거리핵미사일 폐기INF 협정에 따라 1991년 전술핵을 모두 철수했다. 그리고 27년 만에 미국 전술핵 재배치가 다시 도마 위에 오른 것이다.

심호흡을 하고난 손시열이 천천히 말했다.

"우리 한국에 미국 핵무기가 있는데 나한테 사용권한이 없으면 한국에 있으나 미국에 있으나 별 차이가 없게 됩니다. 북한은 미국 본토를 때릴 수 있는 장거리 미사일을 갖고 있는 만큼 유사시 미국이 핵을 쓰지 못할 것이라고 여길 수 있습니다. 그런데 한국 대통령이 통제권을 갖게 되면 북한의 오판 가능성을 크게 줄일 수 있습니다. 우리 국민들을 설득하기 위해서라도 미국이 이 정도는 해줘야 합니다."

수전 킴의 목소리도 다소 부드러워졌으나 메시지는 분명했다.

"대통령님의 입장은 이해합니다만, 그건 불가합니다."

손시열이 다시 따지고 들었다.

"미국이 나토 국가들과 핵무기 공유협정nuclear weapon sharing agreement을 맺을 때에도 통제권을 양도키로 하지 않았던가요? 근데 왜 한국은 안 된다는 겁니까?"

수전 킴이 어린아이 달래듯 부드럽게 말했다.

"나토와의 협정에서도 미국 대통령의 지시가 있어야 양도된다는 것이었습니다."

그러나 손시열은 포기하지 않았다.

"나한테 핵 사용권한이 없다면, 귀국의 전술핵 재배치로는 부족하다는 게 내 생각입니다. 귀국에서 우리의 핵무장을 양해해주시던지, 아니면 미국 전술핵 사용권한을 나에게 위임해주시던지……"

수전 킴이 미소를 지어 보이더니 이내 강공을 펼쳤다.

"제가 백악관에 돌아가면 우리 대통령께 보고는 하겠지만, 두 가지 모두 현실적으로 어렵다는 점을 대통령께서도 이해해주시길 바랍니다. 그리고 한 가지 묻고 싶은 게 있습니다. 대통령께서는 전시작전권 전환에 대해 부정적이십니다. 우리가 한국에 전술핵을 재배치하면 그 사용권한을 달라고 하셨는데, 그럼 전작권을 조속히 전환하시겠다는 뜻입니까?"

손시열은 의표를 찔린 표정으로 한동안 답을 하지 못했다.

"그건 나중에 다시 논의해봅시다."

한참 뒤 손시열이 이렇게 얼버무렸지만 불쾌한 구석이 역력했다. 손시열은 대선후보 때 전작권 전환에 대한 질문을 받고는 "한국이 독자적으로 북핵 대응 능력을 확보하기 전까지 전작권을 환수하지 않겠다"며 목표시한을 2020년대 중반으로 밝혔었다. 그런데 손시열의 임기는 2023년 2월까지다.

"전술핵 재배치도 대단히 복잡한 문제이고, 그 사용권한을 한국 정부에 위임하는 건 더욱 복잡한 문제입니다. 이 점 충분히 양해해주시기 바라며, 우선 사드 배치에 대한 입장부터 조속히 전해주시기 바랍니다."

수전 킴이 부드러운 미소로 손시열과 악수를 나눴다. 손시열도 억지웃음을 지어보였다.

'국방장관의 말이 때로는 쓸모가 있군.'

수전 킴은 청와대를 나서면서 로버트 코헨의 말을 떠올렸다.

통첩

"그런데 한 가지 걸리는 게 있어요. 중국인데…… 사드가 배치되면 중국이 경제보복에 나서지는 않을까요?"

손시열이 사드 배치를 승인해달라는 결재서류에 서명하면서 정연철 안보실장에게 물었다.

"그건 쉽지 않을 겁니다. 우선 중국은 세계무역기구WTO 회원국인데, 이 조약의 규정상 정치적 이유로 인해 무역제한을 할 수 없도록 돼 있습니다. 그리고 한국과 중국의 경제교류는 상호의존적이고 중국경제도 계속 좋지 않은 상황이어서 쉽사리 경제보복을 하지 못할 것입니다."

정연철이 안심시켰지만 손시열은 성에 차지 않는 모양이다.

"정 실장이 중국을 다녀와 봐요. 왜 그들이 사드 얘기만 나오면 입에 거품을 무는지 자세히 알아보세요. 마음 같아서는 눈치 볼 거 없이 그냥 밀어붙였으면 좋겠는데. 그래도 중국 얘기는 들어봅시다. 그래야 우리도 대비책을 세우지. 아무튼 우리의 사드 배치 입장은 잘 설명해주고 오세요. 한미 양국의 공식적인 발표는 그 직후에 합시다."

정연철은 방중에 앞서 사드 문제에 대한 중국의 우려를 정확히 알고 싶다며, 주한 중국대사관에 이 문제에 대한 중국의 입장을 가장 잘 설명해줄 수 있는 인사를 소개해달라고 요청했다. 그러자 진창이 중국공산당 외교담당 국무위원이 만날 의사가 있다고 통보해왔다. 정연철이 진창이 집무실로 찾아갔다.

정연철이 말문을 열었다.
"터놓고 얘기해 봅시다. 사드가 왜 중국의 안전을 해친다는 거죠?"
진창이는 단도직입적인 정연철의 말에도 미소를 잃지 않았다.
"이웃과 친해지기 위해 다른 이웃을 욕하지 말아야 하고, 자신의 안전을 위해 뭔가를 할 때는 다른 나라의 안전도 고려해야 하죠. 왕이 외교부장이 일전에 명확히 말하지 않았습니까? '항장이 칼춤을 추는 의도는 유방을 죽이는데 있다'고 말입니다."

정연철이 이해할 수 없다는 표정을 지었다.

"사드가 중국을 겨냥한 미국의 칼춤이라는 취지의 발언이군요. 한국에 배치되는 사드가 왜 중국을 겨냥한다고 보시는 겁니까? 구체적으로 말씀해보시죠."

진창이가 허허 웃었다.

"귀국에도 사드를 반대하는 전문가들이 있던데, 그 분들 입장을 참고하면 될 것 같은데요."

정연철은 웃지 않았다.

"귀하께 직접 듣고 싶습니다."

진창이가 자세를 가다듬고 말했다.

"자세한 얘기는 군사 보안상 말씀드릴 수 없습니다. 귀국은 미국의 동맹국인데, 우리의 전략을 세세하게 노출시킬 수는 없지 않습니까? 다만 사드 배치가 조선반도의 안정뿐만 아니라 동북아 전체의 전략적 안정도 헤칠 우려가 크다는 점만 말씀드리지요."

정연철이 조르듯 말했다.

"귀국의 우려에 대해 정확히 말씀해주시지 않는다면, 양측

통첩 65

의 오해를 풀기 어렵습니다. 우리 전문가들이야 그냥 추측성 분석이라 신뢰하기 어렵고요."

진창이가 정색을 했다.

"제가 듣기로는 귀국이 사드 배치를 사실상 결정하고 우리의 양해를 구하기 위해 오신 것이라고 하는데요. 이건 진지한 협의가 아니라 통첩입니다. 그렇다면 우리의 우려를 구체적으로 말씀드려봐야 소용없는 것 아닙니까?"

정연철이 답답하다는 듯한 표정을 지었다.

"사드는 대북 억제용입니다. 귀국과는 무관합니다. 우리 국내에선 사드가 안 된다면 우리 스스로 핵무기를 만들어야 한다는 요구도 높고요. 귀국이 북한을 감싸면서 사드 배치는 반대하니까 한국의 반중여론도 고조되고 있습니다. 우리는 중국이 우려하는 일이 실제로 벌어지지 않도록 노력할 겁니다."

진창이의 얼굴이 더욱 굳어졌다.

"우리가 언제 조선을 감싸고돌았습니까? 한국의 일부 언론과 전문가들이 그렇게 말해도 귀국 정부가 바로잡아줘야 하는 것 아닙니까? 그리고 솔직히 귀국이 사드 배치를 수용하려는 입장을 이해하기 힘듭니다. 한국에 배치되는 사드는 한국 방어용이라기보다 일본과 미국 방어용입니다. 사드 통제권도 미국이 갖고 있고요. 그런데 왜 그걸 한국 땅에 갖다놓으려고 합니까? 우리가 강력한 대북제재에 나서지 않으니까 우리를 압박하기 위한 것이라는 얘기도 들리던데, 그건 친구를 대하는 태도가 아닙니다. 우린 유엔안보리 결의를 완전히 이행하고 있습니다. 안보리 결의에는 제재만 있는 것이 아닙니다. 유관국 모두 긴장을 조성하지 말아야 하고, 대화와 협상을 통한 문제 해결을 촉구하는 내용도 담겨 있어요. 이러한 맥락에서 우리가 비핵화와 평화협정을 동시에 논의하자고 줄곧 제안하고 있는데 한국이 부정적으로 나와 이 상황까지 온 것 아닙니까?"

정연철도 사뭇 논쟁적으로 말했다.

"북한이 비핵화 논의에 관심이 없다는데 협상을 해봐야 뭐합니까? 그리고 사드가 한국에 주둔한 미군 방어에 효용이 없다면 미국이 왜 배치하려고 하겠습니까?"

진창이가 정연철을 똑바로 쳐다보았다.

"주한미군 방어에 효용이 있을 수는 있겠지요. 근데 그건 북한이 아니라 우리 중국을 상대로 할 때 성립되는 얘기입니다. 북한은 사드 요격 고도보다 아래로 날아가는 다양한 투발수단이 있습니다. 하지만 유사시 주한미군이 우리를 겨냥하려고 할 경우에 우리의 억제력은 탄도미사일밖에 없습니다. 그래서 안 된다는 겁니다."

정연철도 진창이를 똑바로 쳐다보면서 말했다.

"주한미군은 한국 방어를 위해서 존재하는 겁니다. 왜 중국을……?"

말을 끊은 진창이 목소리는 오히려 커졌다.

"주한미군이 우리를 겨냥하지 않을 것이라고 한국이 무슨 수로 보장합니까? 어쨌든 우리는 사드 문제와 관련해 거듭 신중한 결정을 요구해왔습니다. 그 결정을 후회할 일이 없기를 바랄 뿐입니다."

패닉

"한미 양국 정부는 대북 억제와 방어 능력 향상을 위해 사드 배치를 결정했습니다. 실전 배치까지는 3개월 정도 소요될 것입니다."

정연철의 귀국 다음날, 국방부 대변인은 이러한 내용을 공식 발표했다. 정연철로부터 방중 결과를 보고받은 대통령이 사드 배치를 공식 발표하라고 지시한 것에 따른 것이다. 국방부 대변인 발표 직후 그 파장은 일파만파로 퍼져 나갔다. 미국과 일본은 즉각 환영 입장을 발표했다. 중국과 러시아 정부는 강한 유감을 표명하면서 재고를 촉구했다.

정작 문제는 사흘 후부터 증시에서 불거졌다. 정부는 증시에 주는 충격을 최소화할 수 있다는 기대를 갖고 금요일에 사드 배치를 발표했다. 하지만 '블랙먼데이'를 피할 수 없었다. 코스피 지수가 196.58포인트^{15.95%} 급락한 것이다. 이러한 낙폭은 미국의 서브프라임모기지 사태 때인 2008년 10월 16일보다 4%나 높은 것이었다. 특히 삼성전자와 현대자동차를 비롯한 중국 내 투자기업 및 수출기업이 직격탄을 맞았다. 한국거래소는 즉각 서킷 브레이크*를 걸었지만, '증시폭락은 이제 시작'이라는 우려가 여의도 증권가를 강타했다.

월요일 오후 진창이는 《인민일보》와 그 자매지인 《환구시보》를 비롯한 언론사 논설위원과 국책 연구기관 소속 전문가들을 불러 모았다.

"한국이 급기야 도자기가게에서 쿵푸를 하는군요.** 그 대가가 뭔지 톡톡히 보여줘야 하지 않겠어요? 그렇다고 정부가 직접 나서기는 그러니 여러분들이 나서줘야 하겠습니다. 당분간

---

* 종합주가지수가 전일에 비해 10% 이상 하락한 상태가 1분 이상 지속되는 경우 모든 주식거래를 20분간 중단하는 것.

** 조정래 장편소설 《정글만리》에 이런 구절이 있다. "……돈은 중국에서 다 벌어가면서, 방위는 중국을 견제해대는 미국 편에 서 있는 것 말이야. 그래서 어느 지식인이 이렇게 비판했잖아. 한국은 도자기점에서 쿵푸를 하고 있다. 그거 얼마나 표현을 잘했어. 도자기점에서 쿵푸를 하면 어떻게 되겠어? 도자기들 다 박살내는 거지. 한국이 계속 그런 식으로 했다간 중국과의 관계는 도자기점이 될 수밖에 없잖아."

우리 인민들의 인터넷활동을 통제하지 않을 겁니다. 여러분들이 우리 인민들에게 좋은 소재를 제공해주세요.'

다음날 《환구시보》는 '한국은 더 이상 우리의 친구가 아니다'라는 선정적인 제하의 사설을 내보냈다. "한국이 돈은 중국에서 벌고 안보는 미국 편에 서서 우리를 위협할 수 없다는 점을 깨닫게 해줘야 한다"며 한국제품 불매운동과 한국여행 취소를 촉구했다.

같은 날 중국 최고의 군사전략가로 손꼽히는 장쿤은 《인민일보》 기고문을 통해 "한국이 인민해방군의 인내심을 넘어서고 있다"며 "사드가 배치되면 인민해방군의 공격대상이 될 것"이라고 경고했다. 더불어 미국이 한반도의 불안정을 이유로 "이기적인 이익을 취하고 있다"며 "이 역시 용납해서는 안 된다"고 촉구했다.

뒤이어 홍콩의 《명보》는 중국의 군사소식통을 인용해 "중국 인민해방군이 동북부에 최첨단 지대공미사일을 배치하기로 했다"고 보도했다. 그러면서 "이는 유사시 한미동맹의 공군작전을 겨냥한 것"이라는 분석을 내놓았다.

이러한 중국 측의 보도가 국내언론에 대대적으로 소개되면서 양국 간의 감정싸움은 들불처럼 번지기 시작했다. 포털 사이트와 언론사 홈페이지 댓글란, 그리고 SNS에는 "중국 놈들이 본색을 드러냈다", "우리도 본때를 보여주자"는 글들로 도배되다시피 했다.

이에 질세라 중국 네티즌들도 웨이버를 통해 "그래, 한번 붙어보자"는 식으로 맞섰다. 중국 당국도 이에 대한 검열에 손 놓고 있었다. '중국의 경제적 보복이 시작되었다'는 소문이 여의도 증권가에 퍼지면서 외국인 투자자들은 썰물처럼 빠져 나갔다. 또한 한국제품 구매와 관광을 취소하겠다는 중국인들의 통보도 밀물처럼 밀려들었다.

시진핑 주석이 측근 몇 명을 집무실로 불렀다.

"중한관계 악화가 오래가는 건 바람직하지 않을 텐데요. 출구를 찾아야 할 때가 온 것 같아요. 그렇다고 사드 배치를 우리가 용인할 수는 없을 테고……. 한국의 급소를 찾아봐요. 2010년 다오위다오 사건 때 일본에 희토류 수출을 중단해서 일본이 체포한 우리 선장을 석방시켰던 것처럼 말이야. 핵심은 세 가지. 속전速戰, 속결速決, 쾌복快服."

빨리 승부수를 던져서 신속하게 한국의 사드 배치 결정을 철회하게 만들고 한중관계도 조속히 회복하겠다는 의미였다.

"그리고 외교부장은 푸틴과의 정상회담을 빨리 잡아보세요.

한국이 말길을 못 알아듣는다면, 미국을 직접 상대해야겠지요. 내가 모스크바로 가도 됩니다. 내가 푸틴과 함께 사드를 비롯한 미국 주도의 MD에 강력히 반대한다는 입장을 천명해야 할 것 같습니다. 미국의 마음을 돌리려면 우리가 러시아와 손잡고 전략적으로 대응하는 게 필요합니다. 한국에게는 경제적 압박으로, 미국에게는 전략적 압박으로 승부를 봅시다."

다음 날, 중국의 보복성 경제조치가 동시다발적으로 나왔다. 중국 외교부는 "한반도의 정세 불안과 한국의 사드 배치 결정으로 한국은 관광하기에 안전한 지역이 아니다"라고 주장하면서 한국여행 자제를 권고했다. 그러자 대부분 국영으로 운영되는 중국의 여행사들은 한국여행 상품을 일제히 취소하고 나섰다.

또한 중국 방송국들도 당분간 한국의 드라마와 오락프로그램 방영을 중단한다고 발표했다. 웨이버에서는 한국산 자동차와 핸드폰에서 결함이 발견되었다며 당국이 전면조사와 수입중단 조치를 내려야 한다는 네티즌들의 글이 조직적으로 올라왔다. 급발진으로 사고가 났다는 현대차 사진과 배터리 과열로 일부가 녹아내렸다는 삼성 스마트폰 사진이 중국 인터넷을 통해 급속히 유포되기 시작했다.

직격탄을 맞은 삼성전자와 현대기아차, SK하이닉스 등 중국 수출 및 투자기업뿐만 아니라 화장품회사들과 대형백화점과 면세점들도 《조선》, 《동아》 등 사드 배치를 강하게 옹호하는 언론사에 대한 광고를 대폭 줄였다. 공식적인 이유는 수익감소에 따른 광고비 절약 차원이라고 설명했지만, 사드에 대한 논조를 바꾸기 위한 외압의 성격도 있다는 분석이 쏟아졌다.

한편 6월 지방선거가 다가오면서 새누리당은 영남권을 제외한 모든 지역에서 열세를 나타냈다. 그러자 당내 갈등도 수면 위로 부상하기 시작했다. 당선 안정권에 있는 대구경북권 인사들은 "중국의 협박에 굴복할 수 없다"며 사드 배치를 밀어붙여야 한다는 의견이 지배적이었다. 하지만 조선과 해운업 불황이 짙게 드리워진 부산경남권에서는 신중론도 나오고 있었다. 특히 비영남권 인사들 사이에서는 "이러다간 지방선거에서 완패할 것"이라며 청와대에 사드 배치를 재고해달라고 요청해야 한다는 주장이 고개를 들었다.

진퇴양난

"이럴 때일수록 야당도 정부를 도와줘야 하는 것 아닙니까? 초당적인 협력과 국민통합이 절실히 요구되고 있는데 야당에선 사사건건 발목을 잡으려고 하니 북한과 중국이 그 틈새를 노리고 남남갈등을 부추기는 것 아닙니까?"

손시열이 야당대표와 원내대표를 향해 쏘아붙이듯 말했다. 안보위기와 경제위기가 최고조에 달하면서 야당은 영수회담을 제안했고, 청와대는 마지못해 이에 응했다.

김창원 더불어민주당 대표가 간곡한 말투로 요청했다.

"우리도 정부의 성공을 바라고 있습니다. 그런데 정부의 방침과 정책이 갈수록 사태를 악화시키고 있으니 걱정을 안 할수 없는 겁니다. 일단 사드 배치를 유보해주십시오. 이러다간 우리 경제 정말 큰일 납니다."

손시열이 목소리를 더 높였다.

"사드 배치는 한미 간에 합의한 사항입니다. 이걸 뒤집으면 한미관계는 어떻게 되겠습니까? 우리 안보의 보루가 한미동 맹인데, 여기에 문제가 생기면 야당이 책임질 수 있습니까? 그리고 사드 배치 발표로 경제가 어려워진 건 중국의 책임 아닙니까? 그럼 야당도 중국한테 항의해야지 왜 청와대에 오셔서 항의하는 겁니까?"

김창원이 진정하라는 듯 양 손을 올렸다가 내리며 말했다.

"감정적으로 말씀하실 게 아닙니다. 우리도 사드 배치를 무조건 반대하는 게 아닙니다. 남북대화도 끊긴지 오래고 6자 회담도 끊긴지 10년이 되어가고 있습니다. 우선 대화를 해보고……."

"대화요?"

손시열이 김창원의 말을 끊으면서 따지듯 말했다.

"아니 북한이 대화할 준비나 되어 있다고 합니까? 비핵화에는 관심이 없다고 하고, 툭하면 청와대를 불바다로 만들겠다고 하고, 거 뭐 청와대가 불타는 동영상까지 만들어 뿌리고 있는데 무슨 대화입니까?"

손시열의 흥분과 달리 김창원은 평정을 유지하려고 애썼다.

"짖는 개는 물지 않는다는 말이 있습니다. 북한이 저렇게 강하게 나오는 건 나약함의 다른 표현입니다. 정부에서 대북 특사 파견도 적극 추진할 필요가 있다고 여겨집니다."

그러나 손시열의 목청은 더 높아졌다.

"북한의 의도를 모르시겠습니까? 우리 정부를 길들이려고 하는 것 아닙니까? 생각해보세요. 북한은 한국에서 새로운 정부가 출범할 때마다 위기를 고조시켰습니다. 이번에도 마찬가지고요. 그런데 우리가 특사를 보내겠다고 하면 어떻게 되겠습니까? 북한이 받을지도 미지수지만, 이건 북한의 길들이기 전략에 말려드는 것입니다. 우리도 대화의 문은 열어놓고 있어요. 하지만 이를 위해서는 북한도 대화 분위기 조성에 나서야 합니다. 지금 우리가 먼저 대화하자는 건 북한의 위협에 굴복하는 것밖에 안됩니다."

김창원이 답답한 건지 목이 타는 건지 물 한 모금을 마셨다.

"대통령께서는 너무 한쪽 얘기만 듣고 계십니다. 다른 설명도 얼마든지 가능합니다. 때때로 정부 입장과 다른 의견을 가진 전문가들도 만나보시고, 또 정부의 비판적인 언론도 접하시고……."

"거 말씀이 지나치시군요."

배석한 청와대 정무수석이 끼어들었다.

"김 대표님 말씀은 우리 정부의 대북정보 보고 체계에 문제가 있다는 뜻인 것 같은데, 이런 식으로 말씀하시는 건 곤란합니다."

"정무수석의 이런 태도가 문제입니다."

이번에는 야당 측 배석자인 이진선 원내대표가 반박하고 나선다.

"진정어린 조언을 하려고 온 야당대표에게 고압적인 태도를 보이면 생산적인 대화가 되겠습니까? 그리고 정부의 대북정보 분석과 보고 체계가 완벽했다면 지난 10년간 상황이 이렇게 악화되지도 않았을 거 아닙니까?"

"뭐라고요?"

정무수석이 얼굴이 붉어지면서 목청이 높아지자 손시열이 제지하고 나섰다.

"자자, 그만 합시다. 이거 남남갈등의 현실을 여기서도 보는 것 같아 씁쓸한 기분입니다. 어쨌든 정부가 출범한지 한 달밖에 지나지 않았습니다. 허니문이라는 말도 있는데, 일단 정부가 하는 걸 지켜봐주시지요."

그러자 김창원이 당황했다. 빈손으로 물러날 수는 없는 노릇이다.

"이렇게 회담을 끝낼 수는 없지 않습니까? 국민들도 지켜

보고 있는데요."

그러나 손시열은 벌써 일어섰다.

"내가 다음 일정도 있고 해서 이것으로 마쳤으면 합니다. 앞으로도 종종 뵙고 말씀 나눌 수 있기를 희망합니다."

손시열이 야당 대표단에게 악수를 청했다. 문전박대는 아니어도 쫓겨나는 꼴이다. 김창원이 손시열에게 얇은 서류철 하나를 건넸다.

"알겠습니다. 그리고 대통령께서 이 문건은 꼭 한번 읽어봐주시기 바랍니다."

얼떨결에 서류를 받아든 손시열의 눈에 '중국이 사드를 반대하는 이유'라는 제목글씨가 들어왔다.

"이건 뭡니까?"

"베이징대 박사 출신 두 명이 중국 관료들 및 전문가와 인터뷰한 내용을 잘 정리한 것입니다. 대통령께서 사드 문제에 대해 판단을 내릴 때 도움이 될 것 같아 가져온 것입니다."

10쪽 분량의 이 문건은 베이징대 박사 선후배 사이인 최지민과 손대근이 작성한 것이다. 이들은 손시열 당선 직후부터 중국 쪽 언론의 논점을 살피고 정관계 및 학계 인사들을 두루 접촉해 사드에 대한 중국의 입장을 심도 깊게 분석했다. 영수회담이 열린다는 소식을 듣고 그 내용을 간추려 김창원에게 전달하면서 손시열에게도 꼭 전해달라고 부탁했었다.

"아 그렇군요. 알겠습니다."

손시열은 집무실로 돌아가면서 김창원이 건네준 문건의 첫 페이지를 살펴봤다. '한국 내 사드 배치에 관한 중국의 입장 요지'라는 제하에 다음과 같은 내용이 적혀 있었다.

1. 사드는 한국 방어에 조금도 도움이 되지 않는다. 한국의 안보에 전혀 도움이 되지 않는 사드 배치를 중국과의 관계를 악화시키면서까지 밀어붙이는 이유를 납득할 수 없다.

2. 한국에 사드가 배치되면 일본방어에 가장 크게 기여할 수 있고, 미국방어에도 기여할 수 있다. 이에 따라 한국 내 사드 배치는 미일동맹에 한국이 더더욱 편입되는 결과로 이어질 것이다.

3. 한국 내 사드 배치는 중국의 안보이익을 크게 침해한다. 사드 배치로 인해 중국의 제한적인 대미 억제력이 약화될 수밖에 없기 때문이다.

4. 중국은 한국과 미국의 결정을 바꾸기 위해 가능한 모든 수단을 동원할 수밖에 없다.

5. 결국 사드가 배치되면 한중관계의 희생은 불가피해지고

양국 간 관계회복은 어려워질 것이다. 또한 중국의 인민해방
군은 합당한 군사적 대응을 강구하게 될 것이다.

6. 중국은 6자회담을 비롯한 실질적 협상이 부재했던 것이
한반도 정세악화의 가장 큰 원인으로 본다. 한국 정부가 협상
에 적극적인 태도를 보인다면, 중국은 어느 때보다 강력한 의
지를 가지고 성과를 내기 위해 노력할 것이다.

'이거 종북 좌파들이 떠드는 얘기하고 다를 게 없구먼.'

손시열은 집무실 책상에 앉으면서 문건을 옆에 놓고 내일
오전으로 예정된 국무회의 준비 자료를 집어 들었다. 국무회
의 자료에도 사드 배치 문제가 주요 안건으로 올라와 있었다.

'여기도 사드, 저기도 사드……'

손시열이 골치 아프다는 듯 머리를 흔들고는 김창원이 건
네준 사드 문건을 다시 펼쳤다. 요지 다음 페이지부터는 상세
한 내용이 기술되어 있었다. 마지막 페이지를 넘기면서 '진퇴
양난'이라는 말이 손시열의 뇌리를 스쳐지나갔다.

불가

"당신들이 뭐라고 그랬소? '정치는 정치고, 경제는 경제다'
라면서 중국의 경제보복은 없을 것이라고 하지 않았소. 근데
이게 어찌된 일입니까? 중국이 전방위적으로 압박하고 있지
않습니까?"

손시열이 국무회의에서 국무위원들에게 얼굴을 붉혔다. 국
무위원들은 고개를 숙인 채 아무 말도 하지 못했다. 손시열이
경제부총리를 노려보았다.

"중국이 저렇게 강하게 나오고 있는데, 우리도 가만히 있을
순 없지 않겠습니까? 중국에 대한 우리의 보복수단은 무엇이
있습니까?"

경제부총리가 조심스럽게 입을 열었다.

"중국의 조치 가운데 WTO에 제소할 것을 찾아보고 있습니다. 우리 국민들도 중국산제품 불매운동 조짐을 보이고 있고, 중국여행을 취소하겠다는 사람들도 늘어나고 있습니다. 중국경제도 어려워지고 있으니 조금만 참으면 될 것……."

경제부총리의 한가한 소리에 손시열이 말을 끊고 나섰다.

"아니 중국이 저렇게 나올 때는 끝장을 보겠다는 것 아닙니까? 외교장관, 중국이 센카쿠열도 분쟁 때 일본에 희토류 수출을 중단하고, 남중국해 영유권 분쟁이 격화되었던 2012년에 중국이 필리핀에 여행금지 조치를 내린 적이 있지요? 그때는 어땠습니까?"

지목 받은 외교부장관이 자세를 바로잡고 대답했다.

"일시적으로 중국에 대한 국제사회의 여론이 나쁘게 형성되기도 했지만, 금방 회복되었습니다. 일본은 중국을 WTO에 제소하지 않았고, 중국인 선장을 석방하면서 일단락되었습니다. 필리핀도 남중국해 영유권 분쟁과 관련해 중국을 자극하는 언행을 누그러뜨린 것으로 알고 있습니다."

손시열이 한숨을 크게 쉬고 나서 말했다.

"중국이 완승한 셈이군. 그렇다면 우리가 중국에 보복을 가하는 것도 쉽지 않고, 보복을 가해서 중국이 추가적인 보복을 가하면 우리는 더 큰 피해를 입을 거고. 이거 이미 승패가 갈린

게임 아닙니까? 더구나 아직 사드가 배치된 것도 아닌데, 실제로 배치되면 더 나쁜 상황이 올 수 있고, 일단 배치되면 철수시키기도 어려울 거고. 이거 진퇴양난이군요. 일단 오늘 회의는 이것으로 마치고, 관련 부처들은 조속히 대책을 수립해 보고토록 하세요. 그리고 실장들과 수석들은 남아 주세요."

"여론의 흐름은 어떤가요?"

손시열이 수석회의를 주재하면서 정무수석에게 물었다.

"명확히 말씀드리기는 어렵습니다. 사드 배치를 찬성하는 여론은 여전히 과반수를 넘기고 있지만, 지방선거 관련해서는 불리한 여론이 형성되고 있습니다. 경제 불안감이 확산되면서 대통령님에 대한 지지도도 급속히 떨어지고 있습니다."

정무수석 보고를 듣고 다들 기운이 빠졌는데 외교안보수석이 또 진을 뺐다.

"대통령님, 방금 중국 외교부로부터 외교전문이 왔습니다. '한국이 중국의 만류에도 불구하고 사드 배치를 결정한 것에 대해 거듭 유감을 표한다. 한국이 이 결정을 철회하면 양국 관계는 빠르게 회복될 것이다'라는 요지입니다."

손시열이 길게 탄식했다. 수석들도 안절부절못했다.

"이 놈들이 대놓고 협박하는구먼. 미국은 어떨 것 같소? 우리가 배치 재고를 요청하면 먹힐 것 같소?"

손시열이 정연철 안보실장에게 물었다.

"아직 확답 드리기는 어렵습니다."

"그럼, 정 실장이 주한미군사령관을 한번 만나 봐요."

삼청동의 한 음식점. 정연철과 커트 샤퍼 주한미군사령관이 마주 앉았다.

"사령관께서도 아시다시피 우리가 좀 어려운 처지에 있습니다. 사드 배치를 연기하기로 하고 이걸 발표하는 건 어떻게 생각하십니까?"

정연철의 말에 샤퍼가 크게 도리질을 했다.

"그럴 수는 없습니다. 본국에서는 사드 제3포대 파견을 결정하고 차출 대상과 인원까지 결정했습니다. 그런데 불과 한 달여를 앞두고 재검토를 하겠다니요? 이렇게 오락가락하면 동맹의 신뢰에 금이 갑니다. 사드는 제 휘하에 있는 수만 명의 미군과 그 가족을 지키는데 필수적입니다. 귀 정부가 입장을 번복하면 주한미군의 안정적인 주둔을 보장할 수 없게 됩니다."

샤퍼의 말에 정연철이 낙담한 표정을 했다.

"그 말씀은?"

샤퍼가 허리를 곧추세우고 눈을 크게 떴다.

"생각해보세요. 한국이 주한미군을 보호하는데 소극적인 태도를 보이면 제가 어떻게 미국 국민과 의회를 설득할 수 있겠습니까?"

정연철은 난감할 따름이다.

"사드 배치를 취소하겠다는 뜻이 아니라 시간을 좀 더 달라는……."

바로 그때, 샤퍼의 휴대폰이 울렸다. 주한미군 정보참모의 전화.

"북한이 방금 기습적으로 세 발의 중단거리탄도미사일을 발사했다고 합니다."

그 직후 정연철의 휴대폰에도 문자가 떴다.

"실장님, 북한이 미사일을 발사했습니다. 속히 청와대로 오셔야 할 것 같습니다."

샤퍼가 상기된 표정으로 말했다.

"실장님도 보셨죠. 이래도 연기하자고 하시겠습니까? 실장님도 아시다시피 사드든 뭐든 우리가 그냥 갖다놓을 수도 있습니다. 그래도 귀국 입장을 배려해 공동결정을 추진했던 것

인데 이렇게 오락가락하면 정말 곤란합니다. 그리고 중국의 의
도가 뭐겠습니까? 미한동맹을 약화시키려고 하는 것입니다.
이럴 때 물러서면 계속 밀리게 됩니다. 오히려 이럴 때일수록
동맹의 강력함을 과시해야 합니다. 때마침 태평양사령부에서
존 스테니스 함을 제주해군기지에 입항하고 싶다는 연락을
해왔습니다. 이건 북한뿐만 아니라 중국에게도 동맹의 의지
를 과시할 수 있는 유력한 방법이 될 것입니다."

쐐기

"푸하하. 남조선 놈들 꼴좋게 되었군. 아예 쐐기를 박으라우. 스커드하고 노동미사일도 몇 발 싸줘. 그리고 잠수함에서도 한발 쏴줘."

김정은이 파안대소를 하며 측근들에게 말했다. 옆에서 받아쓰고 있던 인민군 총정치국장 황병서가 말을 받았다.

"역시 불세출의 천재이십니다. 지대지탄도미사일 쏴서 미제와 남조선괴뢰가 사드 배치 결정을 철회하지 못하도록 하고, 사드를 갖다 놓아봐야 소용없다는 걸 보여주기 위해 잠수함에서도 쏘자는 뜻……."

"그렇지, 바로 그거야. 가능한 빨리, 그것도 기습적으로 발사하라고. 미제하고 남조선이 나를 참수하느니, 특수부대가 북진훈련을 하느니 난리를 치고 있으니 우리의 미사일 발사는 정당한 자위적 조치라고 발표하면서 말이야."

김정은이 담배를 물었다.

"근데 남조선에 사드가 배치되면 중국하고 우리하고 관계가 좋아질 거라고 하던데, 좀 구체적으로 설명해보라우."

한때 좌천설이 나돌았다가 재작년 당대회에서 노동당 정치국 상무위원으로 복귀한 최룡해가 대답했다. 그는 나흘 전 베이징을 방문해 시진핑 등 중국 주요 인사들을 만나고 돌아왔다. 시진핑이 최룡해를 만나준 건 한미동맹의 사드 배치에 대한 중국의 외교적 경고라는 분석도 쏟아지던 차였다.

"우선 사드가 남조선에 들어가면 보시다시피 남조선과 중국과의 관계, 중미관계 모두 악화됩니다. 러시아도 계속 반발하고 있습니다. 그게 우리 공화국에게는 큰 전략적 이익입니다. 그리고 조중 간의 경제적·군사적·외교적 관계도 강화될 것입니다. 실제로 남조선이 사드 배치를 발표한 직후부터 단둥에서 세관 및 검역 절차가 눈에 띄게 약화되면서 교역이 활발해지고 있습니다. 베이징에서 만난 진창이도 조중 수뇌회담을 비롯한 양국 간 관계 강화의 필요성을 언급했습니다."

김정은이 환하게 웃으며 말했다.

"그러고 보면 남조선 위정자들 재밌어. 남조선에서도 사드가 배치되면 우리 공화국이 최대 수혜자가 될 것이라는 주장이 있었잖아. 그런데 그걸 무시하고 사드를 들여놓겠다니……. 나 참 이렇게 우릴 도와주니 얼마나 고마운 일이야. 하하하."

그때 리용호 외무상이 말했다.

"그래도 우리 공화국에게 전략적으로 불리한 면도 있습니다. 남조선에 사드가 배치되더라도 남조선을 타격할 수단은 넘쳐 나지만, 일본과 미국에 대한 우리의 억제력이 약화될 우려가 있습니다."

그러자 김정은이 손사래를 쳤다.

"그것도 어렵게 생각하지 말자고. 재작년에 광명성호를 쏘아 올렸을 때, 미국의 누구던가, 포스톨 교수인가가 그랬지. 우리가 추진체를 자폭시켜 수백 개의 파편을 만들어놓으니까, MD가 진짜 탄두와 파편을 구분하지 못할 것이라고. 역시 선수의 눈은 못 속여. 그런 내용을 공식 발표하라고. 그리고 핵추진 잠수함 개발도 추진하고. 어차피 억제는 심리적인 거 아닌가?"

김정은이 담배를 끄면서 말을 이었다.

"그리고 말이야. 개성공단에 군부대를 다시 배치하세요. 당장 배치가 가능한 부대가 있습니까?"

리명수 총참모장이 부동자세로 대답했다.

"6사단과 62포병여단은 즉각적인 이동이 가능합니다. 천마호와 자주포, 그리고 신형 방사포를 배치하면 남조선에 큰 타격을 가할 수 있습니다."

김정은이 고개를 끄덕였다.

"그래도 예전과 달라졌다는 것을 보여줘야지. 재배치를 공식 발표하고 군부대 이동도 동시에 하세요. 그리고 신형 방사포를 배치하면서 '남조선을 핵불바다로 만들 수 있는 무기를 장착했다'고도 하세요."

리명수가 아부하듯 화답했다.

"탁견이십니다. 그렇게 발표하면 이미 엉망이 된 남조선경제는 영영 살아나지 못할 겁니다."

김정은은 자신만만한 표정을 지었다.

"흄, 내가 일전에 말한 것처럼 제도^{체제} 경쟁은 이제부터야. 남조선경제는 저렇게 엉망이지, 젊은이들은 무슨 헬조선이니 흙수저니 하고 있지. 난 처음에 남조선 애들이 헬조선이니 뭐니 해서 우리 공화국을 모독하는 얘긴 줄 알았어. 근데 그게 아니더라고. 남조선은 저렇게 꼴아 박고 있고 우리는 다시 일어서고 있으니 이제 한 번 해볼 만한 거 아냐."

김정은의 자신감을 황병서가 거들었다.

"지당하신 말씀입니다. 헬조선에 절망한 남조선 젊은이들이 탈조선을 하자는 얘기도 있답니다."

김정은이 화제를 돌렸다.

"그건 그렇고. 지난번 핵실험은 완벽한 성공이라고 했지? 그럼 소형화·경량화·다종화도 완성된 셈이고 핵실험도 필요 없게 된 것이지? 이제 경제 발전을 위해 대외 환경개선에 힘쓰자고. 남조선 놈들하곤 당분간 힘들겠지만 말이야."

외무상 리용호가 얼른 나섰다.

"그래서 말입니다. 남조선과 미제가 벌이는 군사훈련이 끝나면 뉴욕채널을 통해 미국과 접촉을 시도해보면 어떨까 합니다. 미국이 조미 간의 평화협정 논의 개시에 동의하면 우리는 핵실험을 임시 중단할 의사가 있다고 말입니다. 미국이 이거에 동의하면 평화협정 체결과 핵동결을 맞바꾸는 협상도 가능하다는 입장도 전달하면 좋겠습니다."

김정은이 리용호를 쳐다보면서 물었다.

"거 괜찮은 생각이긴 한데, 미국이 동의하겠소? 우린 더 이상 핵실험을 할 필요가 없으니 그걸 가지고 협상카드로 삼으면 우리가 손해 볼 일은 없겠지만, 예전에도 미국이 이런 제안을 거절하지 않았소?"

대미 외교 베테랑답게 리용호가 차분히 설명했다.

"우리가 협상 의지를 내비치면 중국이 강하게 호응하고 나올 겁니다. 중국이 미국을 설득하는데 성공하면 좋고, 실패하면 조중관계를 정상화하는 지렛대로 이용할 수 있을 겁니다. 그리고 필요하다면 우리가 몇 가지 양보안을 추가적으로 제시할 수도 있을 겁니다. 장거리탄도미사일 시험 발사도 중단할 수 있다거나 미국의 적대시정책이 완전히 철회되면 비핵화도 고려할 수 있다는 식의 얘기 말입니다."

잠시 생각에 잠긴 김정은을 보면서 리용호는 아차 싶었다. 재작년 당 대회 때 '핵보유국'이 당 규약에 명시되면서 비핵화 운운은 해당 행위, 반당 행위로 비춰질 수 있기 때문이다. 하지만 김정은이 눈을 뜨면서 고개를 끄덕이자 리용호는 속으로 안도의 숨을 내쉬었다. 리용호가 말을 이었다.

"미국의 적대시정책 철회는 평화협정 체결과 조미수교로만으로 이뤄지는 게 아니지 않습니까? 남조선 주둔 미군도 철수해야 하니 이런 모든 걸 조건으로 삼는다면 우리가 불리할 게 없는 것 같습니다. 그리고 대화는 전방위적으로 추진해야 합니다. 이미 중국과 러시아하고는 관계개선이 이뤄지고 있으니, 수뇌급회담도 고려해야 할 때가 온 것 같습니다. 일본 쪽에서도 대화를 타진해오고 있습니다. 납치문제 어쩌고저쩌고 하지만, 우리하고 완전히 관계를 단절하는 게 부담스러운 모

쐐기 93

양입니다. 이렇게 우리가 전방위적으로 대화에 나서면 남조선
도 무릎 꿇고 나올 것입니다."

김정은이 손을 모으며 미소 띤 얼굴로 결론을 내렸다.

"그래, 북남관계를 단절시킨 후과가 어떤 건지 남조선도 톡
톡히 알게 될 거야. 그럼 우리한테 고개 숙이고 나오겠지. 어
쨌든 핵무력 건설은 거의 완성했으니 이제 경제건설에 박차
를 가할 때가 되었어. 병진노선을 비웃던 놈들에게 우리의 실
력을 똑똑히 보여주자고."

난감

"대통령님 급히 보고 드릴 것이 있습니다. 한미연합정보망에 북한 6사단과 62포병여단이 남하하고 있는 게 포착되었습니다."

정연철이 손시열에게 다급히 전화로 보고했다.

"찾아뵙고 자세히 말씀드리겠습니다."

"남하라니, 어디로 온단 말이요?"

손시열이 집무실 소파에 앉으면서 물었다.

"아마도 개성공단 부지에 재배치하려는 것 같습니다."

그 때, 손시열의 책상에서 전화벨이 울렸다. 손시열이 수화기를 내려놓으면서 말했다.

"북한이 뭘 발표한다고 합니다. 들어봅시다."

"저 아줌마, 아니 이제 할머니지. 또 나왔군."

손시열이 투덜거렸다. 북한의 간판 아나운서인 리춘희가 '조선인민군 최고사령부의 중대 성명'을 낭독하기 시작했다.

"미제와 남조선 괴뢰패당의 전쟁 놀음은 이제 우리의 인내심을 넘어섰다. 우리 최고 수뇌부를 겨냥한 참수작전을 통하여 제도 붕괴를 실현해보겠다는 적대행위의 극치에 대해 우리 조선인민군 최고사령부는 단호한 징벌을 결심하였다. 지금부터 우리가 보유하고 있는 전략 및 전술 타격수단들은 적들의 사소한 움직임에도 불벼락을 내릴 만반의 준비를 갖추었다. 남조선이 은혜도 모르고 폐쇄한 개성공단 공업지구에는 우리 혁명무력의 최정예 부대인 6사단과 62포병여단이 다시 주둔하게 된다. 우리 포병에는 남조선과 주한미군 기지에 핵불벼락을 내릴 수 있는 강력한 수단도 배치되어 있다는 점을 분명히 밝혀둔다. 1차 타격대상은 동족대결의 소굴인 청와대와 반동 통치기관들이 될 것이다. 미제가 계속 경거망동한다면 우리의 타격대상은 아시아태평양 지역 미제 침략군의 대조선 침략기지들과 미국 본토까지 확대될 것임을 엄중히 경고한다."

"아니 저 할머니가 지금 뭐라고 그랬소? 개성에 핵무기를 배치한다는 소리요?"

손시열이 흥분된 어조로 물었다.

"정 실장이 보기엔 어떻소? 저 말을 믿어야겠소?"

정연철은 난감한 표정이다.

"아직 정확히 판단하기에는 이른 것 같습니다. 북한이 방사포에 핵폭탄을 장착하려면 상당한 수준의 소형화가 필요한데, 이에 대한 명확한 정보는 없습니다. 다만 파키스탄이 이미 전술핵 개발에 성공한 것으로 알려져 있기 때문에, 북한도 그럴 능력을 갖고 있을 가능성은 배제할 수 없습니다."

손시열이 답답하다는 표정을 지었다.

"아니 그것도 알 수 없다는 거요. 그게 사실이라면 막을 방도가 없는 것 아니오?"

정연철이 잠시 망설이다가 대답했다.

"선제타격 이외에는 방법이 없습니다."

손시열이 화들짝 놀랐다.

"선제타격하면 전쟁인데, 그게 가능하기나 한 것입니까? 미국과의 전술핵 재배치 논의는 어떻게 되고 있소? 북한이 전술핵을, 그것도 우리 코앞에 배치한다고 하는데, 이제 정말 '핵에는 핵으로 맞서야 할 때가 온 것 아니겠소?"

정연철이 한숨을 내쉬었다. 손시열이 그런 정연철을 빤히 바라보았다.

"그게 여의치 않은 것 같습니다. 미국은 전술핵을 한국에 재배치하더라도 그 통제권은 미국이 갖고 있어야 한다는 입장에서 조금도 물러나지 않고 있습니다. 더구나 미국 정부 내에서도 전술핵 재배치 자체를 놓고 이견이 심한 것으로 보고되고 있습니다. 펜타곤은 찬성하는 것 같은데, 국무부와 백악관 안보보좌관실에서는 신중론이 만만치 않다고 합니다."

그러자 손시열이 버럭 소리를 질렀다.

"아니 그걸 말이라고 합니까? 정 실장을 비롯해 참모들은 내가 핵무장을 암시하면 미국이 그걸 무마하려고 전술핵을 서둘러 배치할 것이라고 하지 않았소?"

정연철의 등에서 식은땀이 흘렀다. '왜 말을 못 하냐'는 손시열의 질책에 정연철이 주저하다가 입을 열었다.

"미국이 우리의 의지를 과소평가하는 것 같습니다. NPT 탈퇴를 선언해 우리의 강력한 의지를 천명해야 합니다. NPT에도 최고의 국가이익이 위협받으면 탈퇴할 수 있다는 회원국의 권리를 명시하고 있습니다. 이에 근거해 탈퇴를 선언하고, 미국이 전술핵 재배치를 약속하면 철회하는 것이 어떨까 합니다."

손시열도 한숨을 내쉬었다.

"그건 이 자리에서 결정하기 힘들 것 같군요. 우리가 NPT에서 탈퇴한다고 해서 미국이 어떻게 나올지도 모르지 않소? 그리고 중국과 러시아는 우리를 안보리에 회부한다고 할 테고. 그러면 우리 경제는 더욱 어려워질 테고."

눈치를 보던 정연철이 말했다.

"과거 박정희 대통령께서도 핵개발 카드로 주한미군 철수를 막고 미국의 안보공약을 튼튼하게 만든 바 있습니다. 대통령님께서도……."

"그 때와는 상황이 다르지 않소. 박정희 대통령이야 비밀리에 만들려다가 미국한테 발각된 것이고, 이번엔 대놓고 하자는 것인데…… 암튼 조만간 NSC 상임위원회를 열어 심도 깊게 논의해봅시다."

'이거 정말 난감하게 되었군. 대통령 짓도 못해먹겠어!'

손시열은 속으로 중얼거리면서 정연철에게 나가보라고 손짓했다.

G2

　3월 들어 한반도에는 폭풍전야의 위기감이 계속 고조되고 있었다. 3월 초에 시작된 한미연합군의 '키 리졸브/독수리 훈련'과 이에 대한 북한의 반발이 맞물리면서 한반도 정세는 시계 제로 상태에서 한 치도 벗어나지 못하고 있다. 엎친 데 덮친 격으로 손시열이 독자적인 핵무장을 시사하고, 미국이 전술핵을 한국에 재배치하려 한다는 뉴스까지 나오고 있었다. 한미 양국은 사드 배치를 공식 발표했고, 이에 대한 북한과 중국, 러시아의 반발도 더욱 격렬해졌다. 급기야 북한은 개성공단에 6사단과 62포병연대를 재배치하면서 연일 강도 높은 위협 발언을 내놓고 있었다.

　직격탄을 맞은 건 한국경제였다. 한국 증시는 사드 배치 발표 보름 만에 거의 반 토막이 났고, 환율도 심리적 마지노선 인 1달러당 1700원 선에 근접하고 있었다. 수출도 전년 동기 대비 20% 이상 줄어들었다. 외국의 신용평가사들은 한국의 지정학적 위기를 들어 국가신인도 하향 조정에 나설 뜻을 시 사했다. 무디스는 개성공단이 폐쇄된 2016년 2월에 "지정학적 리스크를 고조해 한국의 국가 신용에 부정적 영향을 줄 것" 이라고 경고한 바 있었다.

2018년 봄, 한국에서는 1997년 IMF 금융위기에 능가하는 경제위기설이 맹위를 떨쳤다. 한국전쟁 이래로 최악의 전쟁위 기도 한반도 상공을 배회하고 있다. 이런 와중에 힐러리 클린턴 미국 대통령이 시진핑 중국 국가주석에게 전화를 걸었다.

클린턴 지금 북한을 자제시키지 않으면, 한국이 어떻게 나올 지 모릅니다. 한국의 핵무장은 중국의 국가이익에도 부합하 지 않습니다. 시 주석께서 북한을 자제시켜 주십시오.
시진핑 북한 지도자가 제 말을 안 듣는다는 건 각하께서도 잘 알고 있지 않습니까? 나는 지금 이 순간에도 관련국들의 냉정과 자제를 호소하고 있습니다. 한미군사훈련을 포함해서 말입니다. 그리고 한국의 핵무장은 우리 두 나라가 뜻을 모으면 충분히 막을 수 있습니다. 나에게는 각하께서 한국 핵무장 운운하는 게 우리에 대한 압박으로 들립니다.

클린턴 우리도 한국에게 핵무장은 절대 안 된다고 여러 차례 말해왔습니다. 그런데 최근 정보 보고에 따르면 한국이 NPT 탈퇴도 고려하고 있다고 합니다. 북한은 핵위협을 계속 가하고 있고, 특히 개성공단에 전술핵까지 배치했다고 주장하고 있습니다. 더 늦기 전에 북한에 강력한 메시지를 보내야 합니다.

시진핑 북한을 설득하려면 명분이 필요합니다. 미국이 한국과 벌이고 있는 군사훈련을 중단해주십시오. 그게 지금으로서는 최선입니다. 그리고 6자회담이든 뭐든 빨리 열어야 합니다. 이 회담이 중단된 지 벌써 10년이 되어가고 있습니다. 이 사이에 한반도 정세가 과연 귀국이 원하는 대로 전개되고 있는지 묻고 싶습니다.

클린턴 지금 군사훈련을 중단한다면, 한국인들은 미국의 안보공약을 의심하게 될 것이고, 이는 핵무장을 해야 한다는 여론을 자극하는 결과를 초래할 수 있습니다. 오히려 지금은 북한에 대한 강력한 억제 의지를 과시해야 합니다. 그리고 여러 차례 말씀드린 것처럼 이 과정에서 중국의 안보이익에 대한 우리의 고려도 줄어들 수밖에 없습니다.

클린턴의 발언 취지는 북한의 위협적인 언행이 계속되면, 미국은 중국이 우려하는 사드와 항공모함 전단 파견 등 군사적 조치를 강화할 수밖에 없다는 것이었다. 두 정상의 통화에 앞서 웬디 셔먼 미 국무장관은 베이징을 방문해 시진핑을 예방했다. 이 자리에서 셔먼은 중국이 북한에게 '핵이냐, 생존이냐'를 양자택일할 수밖에 없는 강력한 제재를 가해야 한다고 요구했다. 중국이 동의하면 한반도 통일문제를 포함한 중국의 우려 사항을 놓고 본격적인 대화에 들어갈 수 있고, 중국이 거부하면 미국은 중국의 안보 우려를 더 이상 고려할 수 없게 될 것이라는 경고와 함께. 하지만 시진핑은 미국의 변함없는 태도에 실망감을 토로하면서 예정 시간보다 일찍 면담을 끝내고 말았다.

시진핑 미국의 그런 행동이 과거에도 한반도와 동북아 정세를 악화시켰습니다. 미국이 또 다시 자제력을 잃는다면, 우리 중국도 합당하게 대응하지 않을 수 없을 것입니다. 이건 나만의 뜻이 아닙니다. 그저께 푸틴 러시아 대통령과의 정상회담이 끝나고 발표한 것처럼, 미국의 사드 배치를 비롯한 글로벌 MD에 대해 중국과 러시아는 단호히 반대합니다. 미국이 기어코 잘못된 선택을 한다면 중국과 러시아 양국은 전략적 관계를 강화할 수밖에 없습니다.

시진핑과 푸틴은 모스크바에서 정상회담을 갖고 'MD 반대 공동성명'을 발표했다. 두 나라 정상이 MD를 특칭해 공동성명을 발표한 것은 2000년 7월 장쩌민-푸틴 회담 이후 18년 만이었다. 공동성명에서는 "양국은 사드를 비롯한 글로벌 MD에 단호히 반대"하며, "양국은 전략적 균형과 안정을 유지하기 위해 전략적 협력을 강화하기로 했다"고 밝혔다. 다음날 중국과 러시아 언론은 정부소식통을 인용해 한미 양국이 사드 배치 계획을 철회하지 않으면 중러 양국은 "전략무기 협력에 나설 것"이라고 보도했다.

클린턴 나도 그 내용은 봤습니다. 하지만 사드는 북한 대응용입니다. 중국과 러시아와는 무관합니다.

시진핑 각하께서는 한 입으로 다른 말씀을 하시는군요. 우리를 압박할 때에는 사드가 중국의 안보 우려를 자극할 것이라고 하고, 우리가 우려를 표명하면 사드는 중국과 무관하다고 하시니 어떤 말씀을 믿어야 하는 겁니까?

클린턴 사드가 귀국을 위협할 정도의 기술적 제원을 갖고 있지 못하다는 것은 우리 정부가 충분히 설명한 바 있습니다.

그리고 나 역시 한국과의 사드 배치 결정이 유보될 수 있기를 희망합니다. 그러기 위해서는 중국이 북한에 강력한 영향력을 행사해 비핵화 협상으로 나오게 해야 합니다. 비핵화 협상에 응하지 않으면 끝장 제재에 돌입하겠다는 경고와 함께 말입니다.

시진핑 그래서 2년 전에 비핵화와 평화협정 협상을 동시에 추진하자고 제안했던 것 아닙니까? 그런데 그 제안에 냉담한 반응을 보인 쪽이 어디입니까? 우리 중국은 귀국이 제안한 강력한 유엔안보리 대북제재에 동의했습니다. 그런데도 회담은 열리지 않고 있어요.

클린턴 그거야 한국이 부정적인 반응을 보이니 어쩔 수 없는 것 아닙니까? 그리고 귀국이 대북제재 이행에 보다 성의 있는 모습을 보였다면, 북한의 셈법도 달라졌을 것이라는 게 우리의 판단입니다.

시진핑 그렇게 말씀하실 게 아니라, 귀국이 회담 재개를 위해 한국을 얼마나 성의 있게 설득했는지 자문해보시기 바랍니다. 그리고 제재의 목적이 무엇입니까? 조선의 무고한 인민들에게 고통을 가중시키는 게 목적입니까? 우리 왕이 외교부장이 2년 전에 미국에 갔을 때 분명히 말했습니다. 북한 주민들의 생계에 부정적인 영향을 주는 대북제재는 곤란하다고 말입니다.

클린턴 북한 주민이 고통 받고 있는 근본적인 이유는 김정은 정권이 주민들의 생활에는 관심이 없고 핵과 미사일 개발에만 몰두하기 때문입니다. 그걸 제재 때문이라고 말씀하시는 건 번지수를 잘못 짚은 겁니다.

시진핑 허허, 그래 김정은이 잔악한 독재자라고 칩시다. 그런 사람이 제재를 가한다고 눈 하나 깜박하겠습니까? 2년 전에 유엔안보리 제재가 채택되었을 때, 귀국이 뭐라고 했습니까? 20년 만에 가장 강력한 제재를 가하게 되었고, 핵과 미사일을 만들 '돈줄'이 끊겼다고 하지 않았습니까? 그런데 결과가 뭡니까? 내가 누누이 강조해오지 않았습니까? 제재는 조선을 협상의 장으로 나오게 하는 수단이 되어야 하고, 협상에서 성과를 거두려면 평화협정 체결과 같이 조선의 합리적인 안보 우려도 해소하기 위한 노력이 필요하다고 하지 않았습니까? 더 늦기 전에 비핵화와 평화협정 논의를 시작해야 합니다. 귀국이 남한과 벌이는 군사훈련을 중단하면 나도 조선을 강력하게 설득해보겠습니다.

클린턴 그건 이미 말씀드린 것처럼 곤란합니다. 군사훈련 중단은 북한의 악행에 대한 보상입니다. 잘못된 행동에 보상이 없다는 우리 외교 원칙은 양보할 수 없습니다.

시진핑 미국의 입장이 현실과 갈수록 동떨어지는 것 같아 극히 유감입니다. 며칠 전 귀국의 국무장관이 나한테 와서 그러더군요. 김정은 정권이 붕괴나 쿠데타를 걱정할 수밖에 없을 정도로 혹독한 대북제재를 가해야 한다고, 그것도 모든 수단을 동원해서 말입니다. 그래서 일찍 면담을 끝냈습니다. 말해봐야 소용없을 것 같아서요. 각하께 한마디만 묻겠습니다. 설사 김정은 정권이 붕괴되거나 쿠데타가 발생한다면, 그 다음에는 어떤 일이 벌어질 거라 생각하십니까?

클린턴 그래서 우리 양국과 한국·일본이 긴밀한 협의를 하자는 겁니다. 포스트 김정은 시대에 대비해서요.

시진핑 포스트 김정은 시대의 조선이 우리가 대책을 내놓을 때까지 기다려준답니까? 김정은 이후의 조선이 지금보다 나을 거라고 어떻게 보장합니까? 핵무기는 어떻게 할 겁니까? 한미연합군이 통일한다고 조선에 들어가면 핵전쟁이 일어날 거란 우려는 기우에 불과한 겁니까? 왜 상식적인 의문조차 마다하면서 실패한 정책을 되풀이하려는 겁니까?

클린턴 그래서 협의가 필요하다는 겁니다.

시진핑 참으로 답답하군요. 우리가 김정은 이후를 협의할수록 그들은 더더욱 핵무기에 집착할 거라는 걸 왜 모르십니까? 오늘 우리의 대화가 각하의 현실 인식에 조금이나마 도움이 되었기를 바랄 뿐입니다.

하지만 G2 두 정상의 전화통화 다음날인 3월 29일, 미국은
세 가지 추가적인 군사적 조치를 꺼내들었다. 하나는 사드를
4월 이내에 한국에 배치할 것이라는 발표였다. 또 하나는 미
국의 핵전폭기 B-2와 B-52 각각 1기씩이 중국이 설정한 방
공식별구역을 가로질러 군산 직도와 태백 훈련장에 모조 폭
탄을 투하한 것이다. 그리고 핵 항모인 존 스테니스 함을 제주
해군기지를 향해 출항시켰다.

그러자 제주 강정마을의 일부 주민들과 활동가들은 기자회
견을 열어 해상시위 등 모든 수단을 동원해 미국 항공모함의
입항을 저지하겠다는 입장을 밝혔다. 중국 외교부는 미국의
조치에 대해 강한 유감의 뜻을 나타내는 한편, 인민해방군은
마치 기다렸다는 듯이 실탄 사격 훈련에 돌입했다. 특히 중국
은 '항모 킬러'로 불리는 둥펑-21D 탄도미사일을 동중국해
공해상으로 시험 발사했다.

일촉즉발

북한의 반발수위도 최고조에 달했다. 3월 30일 조선인민군 최고사령부는 "미제 놈들이 핵 타격수단을 조선반도에 끌어들인 것은 핵무기를 다시 재배치하겠다는 말을 행동으로 옮긴 것"이며 "이는 정전협정을 난폭히 파기한 것"이라고 주장했다. 그러면서 북한은 "지금 이 순간부터 정전협정에 눈곱만큼도 구애받지 않을 것이며 미국의 정전협정 파기 행위에 우리도 파기로 응수한다"고 천명했다. 북한이 정전협정 백지화나 무효화를 언급한 적은 있지만, 파기를 선언한 건 이번이 처음이다.

다음 날부터 위기는 걷잡을 수 없을 만큼 고조되어 갔다. 북한은 동해 공해상으로 2발의 탄도미사일과 수십 발의 방사포를 발사했다. 또한 서해 5도 인근 수역을 향해 금지구역으로 선포하고 100여발의 해안포와 3발의 실크웜 미사일을 시험 발사했다. 이 가운데 3분의 1이 북방한계선NLL 이남으로 떨어졌고, 남한군도 1대 3의 원칙에 따라 약 150발의 포탄을 NLL 이북으로 발사했다.

급기야 4월 2일 오전에는 서해에서 또 다시 남북 해군 간 교전이 발생하면서 한반도는 일촉즉발의 전쟁위기 상황에 휩싸이고 말았다. 교전의 발단은 NLL을 넘어온 2척의 북한 경비정이 남한의 경고 방송과 경고 사격에도 불구하고 퇴각하지 않자, 남한 해군이 '선 조치, 후 보고' 지침에 따라 격파 사격에 나서면서 시작되었다. 피격을 당한 북한 경비정 1척은 퇴각했지만, 나머지 경비정은 대응 사격에 나섰다. 하지만 남한 고속정은 북한 경비정 사거리 밖에서 기동 작전을 벌여 남측의 피해는 없었다.

확전의 위기감도 고조되었다. 남북한 해군 함정이 NLL 인근에서 교전을 벌이고 있을 때, 북한의 해안포 포문이 개방된 것이 확인된 것이다. 그러자 남한 역시 연평도와 백령도에 배치한 자주포와 스파이크미사일 발사 준비태세에 돌입했다. 또한 서해에서 한미해상연합훈련을 벌이던 초계함과 구축함을 NLL 쪽으로 전진 배치했고, 수원 공군비행장에서 2기의

F-15K가 중무장한 상태에서 초계비행에 나섰다. 그러자 북한은 실크웜 지대함미사일 발사 준비태세에 들어갔고, 미그-29기도 NLL을 향해 출격시켰다.

서해교전 직후 남한 국방부는 즉각 성명을 발표해 "북한의 NLL 침범은 명백한 도발"이라고 강력히 규탄하는 한편, 북한에게 경비정과 전투기를 즉각 후방으로 돌리고 해안포와 지대함미사일의 발사 준비태세도 해제할 것을 요구했다. 그러면서 "이번 사태의 모든 책임은 북한이 져야 할 것"이라고 경고했다. 이에 뒤질세라 북한군 최고사령부도 즉각 성명을 발표해 "NLL은 불법적인 유령선"이라는 기존 입장을 거듭 천명하면서 남측이 사죄하지 않으면 "무자비한 보복이 뒤따를 것"이라고 위협했다. 더불어 미국에게도 "섣불리 끼어들면 워싱턴도 불바다가 되는 처지를 맛보게 될 것"이라고 경고했다.

청와대 지하 벙커에서 대책회의를 주재하던 손시열은 국방장관으로부터 긴급보고를 받았다. "북한의 장사정포 및 방사포부대와 전략로켓 부대에서 이상 징후가 포착됐고 탄도미사일에는 핵탄두가 탑재되어 있을 가능성을 배제할 수 없다"는 내용이었다. 그러자 대책회의에서는 선제타격론과 확전자제론 사이에 격론이 벌어졌다.

먼저 국방장관이 강경 대응을 주장했다.

"지금이야말로 본때를 보여줘야 합니다. 북핵이 떨어진 다음에 대응하는 것은 늦습니다. 제한적이고 단호한 공격을 통해 우리의 의지를 과시해야 북한이 물러설 것입니다."

손시열이 국방장관에게 따져 물었다.

"미국이 동의한다고 합니까? 미국의 동의 없이 우리가 단독으로 북한을 공격할 수는 있는 겁니까? 내가 보고 받기로는 국지전 상황에서도 우리가 군사 행동을 할 때에 양국의 협의 하에 진행하기로 했다고 하지 않습니까?"

국방장관이 답변을 얼버무리자 손시열이 계속 말했다.

"2010년 11월 북한이 연평도에 포격을 가했을 때에도 북한 포대를 공습하자는 얘기가 있었는데 미국의 동의 여부를 놓고 의견이 엇갈리면서 실기하지 않았습니까?"

"제가 미국을 설득해……"

국방장관이 말하려고 하자 손시열이 말을 끊고 거듭 물었다.

"그리고 어디를 제한적으로 타격한다는 말씀인가요? 우리가 표적확인을 제대로 할 수 있나요? 타격수단은 무엇입니까? 북한의 방공망을 피할 수 있다는 F-35는 아직 전력화가 안 된 걸로 아는데요. 그리고 북한이 반격에 나서지 않는다고 어떻게 보장할 수 있습니까?"

국방장관도 지지 않겠다는 듯 말했다.

"F-15K에 장착된 합동직격탄을 사용할 수 있습니다. 현무 지대지미사일도 고려 대상이 될 수 있습니다. 그리고 북한 지도부에게 심리적으로 가장 큰 타격을 줄 수 있는 곳을 타격해야……"

"아니 그게 어디냐고 묻지 않습니까? 김정은 집무실이 있는 평양을 때릴까요? 영변?"

대통령이 국방장관의 말을 끊으면서 묻자 국방장관은 말을 얼버무리며 대답을 못했다. 외교부장관이 신중론을 폈다.

"선제타격은 신중해야 합니다."

외교부장관이 말을 이었다.

"미국도 자신의 동의 없는 선제타격을 반대한다는 입장을 분명히 하고 있고, 만약 한국이 단독으로 행동한다면 그 후과는 장담할 수 없다는 입장을 전해왔습니다."

"김정은과 소통할 수 있는 방법은 없습니까?"

손시열이 물었지만, 국정원장과 통일부장관은 현재로선 마땅한 방법이 없다고 대답했다. "그럼, 북한의 성명이나 행동에서 달리 해석할 수 있는 여지는 있나요?"

손시열의 거듭된 질문에 국정원장이 나섰다.

"거의 없습니다. 한판 붙자는 태도입니다. 서해교전에 대해 우리의 사과를 요구하고 있지만, 이건 절대로 수용할 수 없습니다. 우리가 서해교전에 대해 사과하면 그건 NLL을 무력화하려는 북한의 술책에 말려들게 되고, 북한이 더 도발적으로 나올 위험도 큽니다."

여기저기서 한숨소리가 들려왔다.

"그리고 주목할 것이 또 있습니다."

국정원장이 좌중을 돌아보며 계속 말했다.

"김정은의 동선이 오리무중이라는 것입니다. 예전에는 전쟁위기를 고조시키면서도 자신이 진두지휘하는 모습을 보였는데, 이번에는 감쪽같이 사라졌습니다. 북한 언론도 김정은의 동정에 대해 일체 보도하지 않고 있습니다."

다들 대통령과 국정원장의 얼굴을 교대로 바라보았다.

"이건 김정은이 전쟁을 각오했다는 뜻입니다. 더 늦기 전에 우리가 먼저 손을 써야 합니다."

국정원장이 힘주어 말했지만, 손시열이 제지했다.

"아니 글쎄 어떻게 손을 써야 한다는 건지 묻고 있는 거 아닙니까?"

그때 대통령 비서실장이 문건 하나를 대통령 앞에 놓았다.

"대통령님, 백악관에서 긴급 외교전문이 왔습니다. 아마 우리가 NSC회의를 한다는 것을 알고, 보낸 것 같습니다."

비서실장이 말을 이었다.

"요지는 크게 네 가지입니다. 첫째, 미국의 한국 방어에 대한 확고한 의지는 추호도 의심할 여지가 없고 대북 억제력 강화를 위해 추가적인 군사력을 한반도 인근에 배치할 계획이다. 둘째, 북한의 장사정포부대와 미사일부대에서 이상 징후가 포착된 것은 맞지만 발사가 임박한 것으로는 보이지 않는다. 셋째, 한국이 미국의 동의 없이 선제타격을 가하는 것은 수용할 수 없다. 넷째, 한국의 NPT 탈퇴를 용인할 수 없다는 것입니다."

손시열이 짜증스러운 목소리로 말했다.

"아니 그건 다 빤한 얘기들 아닙니까? 전술핵을 조속히 재배치하겠다는 얘긴 없습니까?"

비서실장이 고개를 저었다.

"그건 없습니다."

NSC에선 "북한의 도발 시 강력히 응징한다"는 것 이외에는 딱히 다른 대책을 내놓지 못했다. 회의를 마치고 집무실로 돌아온 손시열은 의자에 머리를 기댄 채, 깊은 생각에 잠겨 있었다. 이날 오전에는 북한이 "남조선에 있는 외국인의 안전을 더 이상 담보할 수 없게 되었다"며 "즉각 남조선을 떠나라"는 뉴스 속보가 떴었다.

"아베 신조 총리의 전화입니다."

두 정상은 이 날 오후에 전화 통화를 하기로 했었다. 손시열과 아베는 한반도 위기와 관련해 한일 간의 협력방안을 논의했다. 아베는 "한국에 대한 외교적·군사적 지원을 아끼지 않겠다고" 말하면서, 한반도 유사시 일본인 구출을 위해 자위대를 한국에 파견하고 싶다는 뜻을 피력했다.

"그 논의는 시기상조입니다."

손시열이 피곤한 어조로 말했다. 아베가 즉각 반문했다.

"시기상조라니요. 북한에서는 남한에 있는 외국인한테 떠나라고 하지 않습니까? 해외에 있는 우리 일본인 생명을 구하는 일은 나의 책무입니다. 각하께서 동의해주지 않는다면 나는 한국에 있는 일본인들에게 대피 명령을 내릴 수밖에 없습니다."

아베의 말에 손시열도 발끈했다.

"일본인들을 소개한다고요? 그건 김정은의 술수에 말려드는 것 아닙니까? 그리고 전쟁이 임박했다는 얘기가 될 것이고요. 나로서는 받아들일 수 없습니다."

아베가 다그치듯 말했다.

"일본인 소개도 안 된다, 유사시 자위대 파견도 안 된다, 그러면 어떻게 하자는 것입니까? 대안을 말씀해보세요."

손시열이 피곤한 듯 얼굴을 쓸었다.

"나한테 시간을 좀 주세요. 우리 정부가 검토해보고 답변 드리리다."

진먼다오

일촉즉발의 위기 상황이 계속되면서 한국 사회는 전쟁불사론과 전쟁 반대가 맞부딪쳐 극도의 혼란에 휩싸였다. 급기야 4월 4일에는 남북 양측에서 최후통첩성 성명이 나오고 말았다. 북한은 "남조선이 24시간 내로 사죄하지 않으면 보복 공격을 개시하게 될 것"이라고 위협했다. 이에 맞서 남한은 "북한이 24시간 내에 모든 무기체계의 발사태세를 즉각 해제하지 않으면 자위권 행사에 나설 것"이라고 경고했다.

국내 외국인 거주자와 투자자들은 "24시간 내에 한국을 떠나라"는 북한의 위협을 받고 서둘러 한국을 빠져나가기 시작했다. 외국인이 빠져나간 빈자리는 외국의 종군기자들이 빠르게 채웠다. 이들은 '코리아 전쟁위기가 시작됐다'며 일제히 서울발 속보를 타진했다.

"누나 아무래도 한국으로 돌아가야 할 것 같아."

손대근이 스마트폰에서 한국 뉴스를 보고 심각한 표정으로 최지민에게 말했다.

두 사람은 베이징대 박사 선후배 사이다. 최지민은 야권 대선캠프에 몸담았다가 선거 패배 이후 타이베이에 머물고 있다. 작년에 베이징대에서 박사학위를 받은 손대근은 한국에 체류하고 있다가 최지민을 만나기 위해 타이베이로 왔다. 타이베이에 도착한 다음 날, 두 사람은 대만 해협의 섬 진먼다오 金門島로 향했다. 송산공항에서 비행기를 탄 두 사람은 1시간 만에 진먼다오에 도착했다.

"어제 왔는데, 벌써 가려고?"

최지민이 물으면서도 이해한다는 표정을 지었다.

"응, 마음이 영 편치 않아서. 내일 한국으로 돌아갈까 해. 그래도 진먼다오는 누나하고 꼭 와보고 싶었어. 내가 석사논문 쓸 때 여기에 왔었는데 아주 강렬한 인상을 받았거든. 양안 무력충돌의 전초기지에서 어느덧 양안 교류협력의 상징이 되었잖아. 누나하고 이 섬에 오면 여기저기 돌아다니면서 많은 얘기를 나누고 싶었는데, 지금 그럴 때가 아닌 것 같아."

"그래, 네 심정은 충분히 이해해. 이렇게 나와 있는 것보다는 한국에 들어가는 게 마음이 편하겠지. 나도 같이 가자."

"누나도? 그래 누나도 나랑 같은 마음이겠지. 근데 일촉즉발의 위기인데 야당이 잘 안 보여. 대선 패배의 충격이야 크겠지만 이럴 때일수록 목소리를 내야 하는 거 아닌가?"

"도망치듯 대만으로 온 내가 무슨 할 말이 있겠니? 난 사실 지금 전쟁위기도 걱정이지만 앞으로가 더 걱정이야. 아마 남북한의 치킨게임은 미국과 중국이 양쪽을 만류하면서 수습될 거야. 아니 그렇게 되어야 하겠지. 하지만 최근 한국의 상황을 봐. 완전 사면초가잖아. 문제는 이게 일시적인 게 아니라 굳어지거나 파국으로 끝날 공산이 크다는 거지. 당장의 전쟁위기는 지나가더라도 우리나라의 국운이 다하고 있다는 느낌을 지울 수 없어."

"동감이야. 지경학적 기회가 오고 있는 걸 못 보고, 지정학적 감옥에 갇히고 말았으니 통탄할 노릇이지. 김정은은 병진노선을 앞세워 북한의 덩샤오핑이 되고 싶어 했는데, 굶주린 야수가 되지 않을까 걱정이야. 이렇게 되면 북한은 더 거칠어지겠지. 미국도 갈팡질팡하다가 결국 북핵 해결은 포기하고 그걸 계속 꽃놀이패로 삼겠다는 심산인 것 같고. 사드 배치가 결정되고 제주해군기지에 미국 핵항모가 입항하면서 한국의 샌드위치 신세는 더욱 악화되고 있어. 일본도 한반도 위기를 이유로 군사대국으로 가면서 한국에게는 유사시 자위대 파병을 허용해달라고 압박하고 있고. 어쩌다 우리나라가 이렇게 처량한 신세가 되었는지……."

"그러게 말이다. 정말 우리나라에 희망이 사라진 것 같아. 남북관계도 그렇고 대외관계도 문제지만, 망진자는 호야*라고 절망의 근거는 한국 안에 있지. 세월호 참사, 메르스 사태, 경제위기에 안보위기, 어느 것 하나 국가가 해결한 게 없잖아. 정치인들은 자기 밥그릇 챙기는데 급급하고, 국민들의 정치에 대한 불신은 하늘을 찌를 듯하고."

"맞아. 불쌍한 건 국민들이지. IMF 위기 때에는 달러도 모으고 금도 모으면서 함께 힘을 모으면 위기를 극복할 수 있다는 희망이라도 있었지. 근데 언제부턴가 희망이 사라지고 말

---

* 亡秦者胡也. 진나라를 망하게 할 자는 오랑캐라는 말. 그러나 오랑캐라는 것은 핑계에 불과하고 진나라 2대 황제인 호해(胡亥)가 망하게 할 것이라는 예언이다. 호해는 진시황의 18왕자 중 막내여서 황제가 될 가능성이 없었는데 조고, 이사 등이 다루기 쉬운 호해를 옹립하고 폭압정치를 펴 진나라를 위기에 몰아넣었고 진나라는 3대 황제 자영(子嬰) 때 망하고 만다. 어떤 일의 원인이 밖에 있는 것이 아니라 안에 있다는 고사. 사기에 나온다.

았어. 저마다 자기 살기에 바빠지고, 여력이 되는 사람들은 한국을 떠나려고 하고, 경쟁에서 치이고 낙오된 사람들은 자포자기의 심정으로 살고 있고. 그러다보니 사람들은 갈수록 거칠어지고. 어디서부터 다시 시작해야 할지 모르겠어."

"한국에 가면 답을 찾을 수 있겠지. 아니 찾아야 해."

"그래 포기해서는 안 되겠지. 사실 얼마 전까지 프로젝트 하나를 구상 중이었어."

최지민이 궁금한 표정으로 쳐다보자 손대근이 계속 말했다.

"진먼다오에 왔을 때 얻은 영감인데, 지정학을 중심으로 보면 이 섬은 전쟁의 섬이지만, 지경학의 관점에서 보면 양안 교류협력의 교두보가 되잖아. 실제로 그렇게 되고 있고. 누나도 대선캠프 때 '지정학의 감옥에서 지경학의 허브'로라는 슬로건을 제안했잖아. 대선에서 지면서 흐지부지되기는 했지만 그걸 구체화하고 싶었어. 야권이 대선에서 이기거나 새누리당 정권이 개과천선한다면 해보려고 했지."

"근데 포기한 거야?"

"도무지 의지가 생기지 않아. 나 혼자 할 수 있는 것도 아니고."

"네 심정은 이해하지만 이럴 때일수록 힘을 내야지. 근데 너 우는 거니?"

손을 뻗으면 닿을 것 같은 중국 푸젠 성이 손대근의 눈에 맺힌 눈물로 흐릿해졌다. 손대근의 손을 잡은 최지민의 눈시울도 이내 붉어졌다.

두 가지 한국에 관한 정치적 상상력

말과 칼

웰조선편

두 가지 한국에 관한 정치적 상상력

말과 칼

웰조선편

정욱식 지음

유리창

문제는 커졌는데 실력 쌓기에 소홀해온 10년,
이 사이에 먹고 사는 문제는 죽고 사는 문제와 유착되었다.
정권이 바뀌면 달라질까?
이 책이 타산지석이 되기를 바라는 마음 간절하다.
픽션 '웰조선'이 실현되기를 기원하면서.

결의

대선 두 달 전 김성준과 이호승과 박영진이 만났다. 이들은 더불어민주당과 국민의당 그리고 정의당의 핵심 선거 전략가들이다. 대선판세는 안개 속이었다. 경제가 곤두박질치면서 야권은 '경제심판론'을 들고 나왔다. 이에 맞서 여권은 경제위기를 야권의 국정 발목잡기 책임으로 돌리면서 '안보프레임'으로 경제위기를 덮으려고 했다. 정부여당은 북한의 핵미사일이 실전 배치되었다고 주장하면서 사드 배치는 물론이고 핵무장도 고려해야 한다고 주장하고 있었다.

국민의당 이호승이 먼저 입을 열었다.

"이번 대선은 정권을 교체할 수 있는 사실상의 마지막 기

회입니다. 인구분포가 급격히 노령화되면서 우리에겐 갈수록 불리해질 겁니다. 그리고 이번에도 지면 정치적 더블 딥 현상도 심해질 겁니다. 정동영이 이명박과 붙었을 때에는 누구도 이길 것이라고 생각한 사람이 없었습니다. 하지만 문재인이 박근혜하고 붙었을 때에는 이겨야 하고, 이길 수 있는 선거에서 졌다는 패배감이 컸습니다. 이번에도 진다면 정권교체가 영원히 불가능해졌다는 절망감이 확산될 겁니다. 배수의 진을 치고 이번 대선에 임해야 합니다."

정의당 박영진이 동의했다.

"맞습니다. 그래서 국민들에게 두 가지 희망을 줘야 합니다. 하나는 '투표하면 이길 수 있다'는 것, 또 하나는 '이기면 세상이 달라질 수 있다'는 겁니다. 야권 후보단일화는 이길 수 있다는 희망을, 예비내각 발표와 연립정부 구성 공약은 좋은 세상을 만들 수 있다는 희망을 줄 수 있습니다. 이 두 가지 희망을 융합시켜야 합니다."

더불어민주당 김성준도 고개를 끄덕였다.

"최고의 선수들을 투입해 개인전이 아니라 단체전으로 맞서자는 얘기군요."

"그렇죠. 실력과 대중성을 갖춘 인사들을 예비내각에 포진시켜야 합니다. 그래서 주요공약도 예비 장관들이 대선후보와

함께 발표하고, 정권이 교체되면 이들과 함께 연립정부를 구성한다는 것으로 말이죠."

박영진이 김성준에게 맞장구치자 이호승이 다소 걱정스러운 표정으로 말했다.

"대선후보 단일화 문제는 후보들이 이미 합의를 봤고 문제는 공동공약과 예비내각 인선인데, 당장 사드와 대북정책에 대한 입장이 다르지 않습니까?"

한국 내 사드 배치와 관련해 세 당 사이에는 미묘한 차이가 있었다. 더불어민주당은 당론으로 사드 배치 반대를 정해야 한다는 일부 의원들의 요구에도 불구하고 명확한 입장을 내놓지 못하고 있었다. 국민의당 역시 마찬가지였다. 정의당만이 사드 반대를 당론으로 정한 상태였다.

김성준이 이호승과 박영진을 교대로 바라보았다.

"제가 출근하다가 보니 '사드 배치 반대하는 야당, 또 북한에 퍼주자고?' 이런 현수막이 걸려 있더군요. 새누리당에서 건 겁니다. 또 국정원과 국방부는 북한이 핵탄두를 미사일에 탑재했다느니, 김정은이 핵무기를 앞세워 통일대전을 완수하라고 지시했다느니 하면서 대놓고 '북풍질'을 하고 있어요. 이

런 상황에서 사드 반대를 명확히 밝히는 건 곤란합니다."

김성준의 말에서 더불어민주당의 고뇌가 읽혔다. 박영진이 말했다.

"그래서 우리당에서도 현수막을 오늘 걸 겁니다. '사드 배치 찬성하고 핵무장하자는 새누리당, 우리 경제 쪽박내자고?' 라고 말입니다."

국민의당 이호승 역시 난처한 기색을 보였다.

"사드 배치 반대를 공동공약으로 내거는 건 우리 후보도 동의할 수 없다고 합니다. 국민 60% 이상이 사드 배치를 찬성하는데, 그걸 대놓고 반대한다고 하면 대선 당선증을 손시열에게 내주는 꼴이라는 거죠."

잠시 침묵이 흐른 뒤 김성준이 말했다.

"그렇다고 찬성한다고 할 수도 없고. 제가 전문가들하고 심층적으로 검토해봤는데, 대안을 내놔야 할 것 같습니다."

"좋은 생각이라도?"

박영진이 김성준을 바라보자 김성준이 이어 말했다.

"'선 북핵 협상, 후 사드 검토'로 요약할 수 있습니다. 비핵화와 평화협정을 동시에 테이블 위에 올려놓고 협상을 해서 성과가 나오면 사드는 자연스럽게 필요 없게 됩니다. 만약 북한이 끝끝내 비핵화 협상에 동의하지 않으면, 그때 가서 사드 배

치를 검토하겠다는 입장을 내놓자는 것입니다. 중국은 줄곧 동시 협상을 제안하고 있는 만큼, 북한이 이를 거부하면 사드 배치에 대한 중국의 양해를 구하는 것도 가능해지겠죠. 오전에 보고를 드리니 우리 후보는 이런 입장에 동의했습니다."

박영진이 고개를 끄덕였다.

"저희 당도 고민하고 있었는데, 더불어민주당도 검토하고 있었군요. 저 개인적으로는 동의합니다. 우리 당에서도 조속히 검토하고 그 결과를 알려드리겠습니다. 국민의당은 어떨 것 같습니까?"

대놓고 반대하는 것이 아니라면 국민의당 입장에서도 검토할만한 사안이다.

"저도 후보께 보고해 보겠습니다. 다만 협상론이 퍼주기 프레임에 걸려들지 않게 유의해야 할 것 같습니다."

박영진이 고개를 끄덕이며 호응했다.

"좋은 말씀입니다. 그리고 우리 당에 민원이 계속 들어오고 있습니다. 전방 지역 주민들이 남북한 양측에서 틀어대는 확성기로 시끄러워서 잠을 못자겠다고 말입니다. 전방에 아들을 둔 부모들한테도 원성이 자자합니다."

김성준이 고개를 끄덕였다.

"양측에서 확성기를 튼 게 2년이 되어 가고 있으니 그 고통

을 알 것 같기도 하군요. 안 그래도 우리 당에도 그런 민원이 들어오고 있습니다."

이호승이 걱정스레 물었다.

"그래서 대선공약 가운데 하나로 확성기방송을 중단한다는 것을 넣자는 말씀인가요?"

"남측만 해서는 안 될 거고요. 남북대화를 재개해 우선 확성기방송을 동시에 중단하자는 공약을 내자는 취지입니다."

박영진이 말했지만 이호승의 걱정은 여전했다.

"확성기방송은 북한의 4차 핵실험으로 시작된 건데, 아무 진전 없이 확성기 스위치를 내리겠다고 하면 역풍을 맞을 수도 있습니다."

김성준이 두 사람 사이에 끼어들었다.

"그래서 포괄적인 접근이 필요합니다. 제가 방금 얘기한 비핵화와 평화협정 동시 추진을 핵심공약으로 내세우고, 하부 항목으로 6자회담 및 4자회담 시작과 함께 남북대화도 하자, 그래서 우선 확성기부터 같이 끄고 개성공단 정상화도 논의하자, 이렇게 발표하자는 것입니다."

박영진이 고개를 끄덕였다.

"동의합니다. 개성공단 폐쇄 후 124개 입주 기업 가운데 부도난 기업들이 줄을 잇고 있습니다. 입주업체와 협력업체에서

해고된 사람들도 1만 명에 육박하고 있다고 합니다. 작년과 올해 장마 때 개성공단 상당 부분이 물에 잠겨 하루빨리 복구하지 않으면 폐허처럼 변할 거라는 얘기도 있더군요."

이호승이 좀 더 스케일을 키웠다.

"하지만 개성공단만으로는 약합니다. 수렁에 빠진 한국경제를 살릴 길은 북한을 거쳐 유라시아 대륙으로 가는 것밖에 없다는 점을 강조해야 합니다. 그 안에 개성공단 정상화도 넣고요."

김성준이 미소를 보이며 말했다.

"좋은 말씀입니다. 세 당에서 이미 여러 가지 좋은 계획들을 갖고 있으니 그걸 종합해서 공동공약을 만들어봅시다."

박영진도 의견을 더 보탰다.

"전체적으로 동의합니다만, 그 이상이 필요합니다. '자살을 부르는 성장'이라는 말이 나올 정도로 문제의 핵심은 불평등입니다. 청년들에겐 일자리가 절박하고요. 그래서 경제적 불평등해소와 소득증대, 그리고 일자리 창출형 남북경협과 대륙진출을 추진하겠다는 내용이 담겨야 합니다. 우리 당 정책팀이 외부 전문가들과 구체적인 정책을 만들고 있으니 그걸 적극 활용하면 좋겠습니다."

"언제 나오죠?"

"아마 이번 주에는 나올 겁니다."

김성준이 크게 고개를 끄덕였다.

"좋습니다. 적극 활용해보죠. 국민들에게는 개성공단의 사례를 널리 알려 남북경협은 퍼주기가 아니라 퍼오기라는 점도 적극 부각하고요. 아울러 민주정부 10년과 새누리당 정권 10년 사이의 경제 성적표도 널리 알려야 합니다. 통계를 보니 이명박-박근혜 정부 10년간 누적 경제 성장률은 30% 조금 넘습니다. 반면 김대중-노무현 정부 10년 동안에는 60%였습니다. 1인당 국내총생산을 봐도 새누리당 집권 10년 동안에는 4000달러 정도 늘어난 반면에, 민주정부 10년에는 1만1000달러가 늘어났습니다. 나라 빚도, 가계부채도 지난 10년간 크게 늘어나 '국민 부채시대'라는 말이 나올 정도입니다. 이러한 현실을 국민들한테 정확히 알려야 합니다."

김성준의 말에 박영진이 고개를 끄덕였다.

"동감합니다. 그리고 한 가지 더 있습니다. 정부여당은 경제위기를 안보위기를 조장해 덮으려고 합니다. 이에 맞서 우리는 경제와 안보위기 동시 해결책을 내놓아야 합니다. 아까 말씀 나눈 것을 포함해서요."

총선 때는 야 3당이 극렬하게 대립했지만 대선에서는 다들 한마음이 되었다. 김성준이 말을 이었다.

"좋은 말씀입니다. 저희 당에서 선거전략 마련에 도움을 주고 있는 최지민씨라고 있는데, 베이징대에서 동아시아 지정학과 지경학의 관계에 관한 논문으로 박사학위를 받은 분입니다. 오늘날 한국이 지정학적 위기에 처해 있다는 것은 진보, 보수를 막론하고 동의하는 바입니다. 또한 지경학적 잠재력을 살리지 못하면 한국경제의 미래가 없다는 점도 많은 사람들이 동의하고 있습니다. 최지민 씨는 이 둘을 잘 조합해 한국의 국가전략으로 '지정학적 감옥에서, 지경학의 허브로'라는 대선 슬로건을 제안해놓고 있습니다. 표현은 가다듬어야 하겠지만, 통일외교안보전략과 경제전략을 잘 조화시킨 표현이라고 생각합니다."

두 사람의 말을 경청하던 이호승이 말을 받았다.

"예전에 김대중 대통령이 '왜 우릴 고래 싸움에 새우 등 터지는 신세로 폄하하느냐, 우린 하기 여하에 따라 양쪽 이랑의 풀을 뜯어먹는 영리한 소가 될 수 있다'는 취지로 말씀하신 적이 있는데요. 비슷한 말씀이군요."

김성준이 고개를 끄덕이며 보충했다.

"그렇죠. 우린 새우가 아니다, 돌고래쯤 된다, 우리 한국에게 필요한 건 고래를 춤추게 할 수 있는 돌고래의 영리함이다, 이런 메시지를 강하게 보내야 하겠죠. 조만간 최지민 씨와 자

리를 만들어보겠습니다. 그 분 후배 중에 사드를 비롯한 MD 문제와 미중관계에 대해 박사 논문을 받은 사람도 있다고 하니, 같이 보면 좋겠습니다."

박영진이 자자, 하는 몸짓으로 양손을 들어보였다.

"네. 좋습니다. 통일외교안보에 대한 입장은 대강 정리된 것 같습니다. 아참, 위안부 합의를 무효화하고 재협상하겠다는 공약에는 모두 동의하시죠?"

김성준과 이호승이 고개를 끄덕였다. 이호승이 화제를 바꿨다.

"대선 전략의 핵심은 젊은 층의 투표 참여입니다. 여론조사를 분석해보니 우리와 저쪽이 2030세대에서는 7:3 정도로, 40대는 6:4, 50대에는 5:5 정도로, 60대 이상에선 3:7 정도 나오고 있습니다. 이걸 바꾸지 못하면 필패입니다. 투표율이야 당연히 장·노년 세대에서 높게 나올 것이고, 인구분포를 봐도 50대 이상이 2030세대보다 무려 350만 명 이상이 많습니다. 2002년에 노무현이 이회창을 이겼을 때 2030세대가 50대 이상보다 600만 명 이상이 많았습니다. 그 때와 견주어보면 이번 선거가 얼마나 어려운 선거가 될 것인지 알 수 있지요. 지난 총선에서는 그나마 젊은 세대의 투표율은 높아지고 노년층은 낮아지면서 야권이 이길 수 있었습니다. 하지만 최

근 여론조사를 보면 젊은 층의 적극적인 투표의사가 낮아지고 있고, 노년층은 올라가고 있는 것으로 나옵니다. 게다가 이 와중에 새누리당과 보수 언론에서는 젊은이들의 정치혐오를 부추기고 있습니다. 은근히 세대갈등도 부추기고 있고요."

박영진도 심각한 표정이 되었다.

"중요한 말씀입니다. 그래서 마지막 기회라는 절박한 심정으로 이번 선거에 임해야 합니다. 아까 말씀드린 것처럼 국민들에게 투표하면 이길 수 있고, 이기면 세상을 바꿀 수 있다는 확신을 주는 것이 가장 중요합니다. 실력도 있고 대중성도 있는 인물들로 예비내각을 짜면 더욱 효과적일 것이고요. 그래서 내일 세 후보 회동 때, 이 점에 합의하는 게 중요합니다. 이미 우리 후보는 공식 제안한 상태이고, 두 후보께서 동의해 주시면 곧바로 인선에 들어가도록 합시다."

"좋습니다. 그리고 우리 당에서 '자식이 행복해야 부모가 편안해진다'는 선거 구호를 정했습니다. 청년세대와 부모세대의 표심을 같이 잡아보자는 것입니다. 실제로 부모세대의 가장 큰 근심거리는 자식들 문제 아닙니까? 각 당에서 마련한 보육·교육·대학 등록금·청년 일자리 창출·복지공약 등을 잘 조합하고 이 구호를 내세우면 효과가 있을 겁니다. 그래서 부모가 자식한테 누굴 찍어라가 아니라 자식이 부모한테 누

굴 찍어주세요, 이런 말이 나오도록 해봅시다."

김성준의 말에 이호승이 미소를 지었다.

"아주 좋습니다. 세대갈등론에 맞서 세대연대론을 펼치자
는 말씀이군요. 이거 이길 수 있다는 희망이 생기는 걸요. 이
희망을 국민들에게 널리 전해줍시다."

칼춤

대선 승리 직후 최서희 당선자는 곧바로 태스크포스TF를 만들어 한반도 위기타개책을 강구토록 했다. 안보와 경제가 총체적인 위기에 처한 만큼, 조속한 위기타개는 국운이 달린 문제로 여겨졌기 때문이다. 책임자는 최서희의 대학 동기이자 통일외교안보 핵심참모인 강의지가 맡았다. TF에서는 사드 배치를 재검토하고 실효성 있는 북핵협상 전략 마련에 몰두했다. 최서희는 또한 북한과 주변국에 특사를 파견키로 했다. 특사외교의 실무 총책도 강의지에게 주어졌다.

"당선자님, 손대근씨 모셔왔습니다."

강의지가 최서희에게 손대근을 소개했다.

"어서 오세요. 손 박사의 논문 얘기는 나도 들었습니다. '미국 주도의 MD에 대한 중국의 전략적 우려 분석'이라는 논문을 쓰셨다고요. 나도 읽어보고 싶었지만 중국어를 못하니. 이틀 후에 여기 강의지 인수위원이 베이징에 갑니다. 가기에 앞서 손 박사의 고견을 듣고 싶어 이렇게 모셨습니다."

손대근은 국내에서 대학을 나와 미국 스탠포드대학에서 '양안관계와 미국'이라는 주제로 석사논문을 썼고, 작년에 베이징대학에서 박사학위를 받았다. 인수위 통일외교안보분과 전문위원인 최지민은 그의 베이징대학 선배였다. 최지민은 손대근의 논문을 우리말로 요약해 강의지에게 전했고, 강의지의 추천으로 사드에 대한 중국의 입장을 청취하기 위해 인수위원회로 초대한 것이다.

한편 최서희는 대선 유세 때, '선 협상, 후 사드' 입장을 밝혔었다. 북핵과 관련해 협상다운 협상은 없었으며, 이에 따라 자신이 당선되면 북한과 대담판을 추진하고 북한이 끝내 비핵화에 동의하지 않으면 그때 가서 사드 배치를 검토해보겠다는 것이 주된 요지였다. 하지만 김정은은 신년사에서 '핵무력 실전 배치'를 천명했고, 국내에서도 사드를 조속히 배치해야 한다는 주장이 고개를 들고 있었다. 미국 역시 "한국의 새로운 정부가 사드에 대한 양국 간의 기존 협의를 존중해주

기를 바란다"는 입장을 내놓고 있었다. 중국의 반대 입장도
여전했다.

"여기 계신 분들은 사드에 대해서 대략적인 내용을 알고 있
는 만큼, 효율적으로 진행하기 위해 질의응답 방식으로 하겠
습니다."

진행을 맡은 강의지가 말했다.

최서희 내가 먼저 질문하겠습니다. 일전에 왕이 외교부장이
"항장이 칼춤을 추는 것은 그 뜻이 유방에 있다"라는 중국의
고사를 인용해, 미국이 한국에 사드를 배치해 중국을 겨냥하
려고 한다고 주장한 바 있어요. 중국이 왜 그렇게 생각하는지
궁금합니다.

손대근 세 가지로 나눠 볼 수 있습니다. 먼저 군사적인 측면
에서 한국에 사드가 배치되면 중국의 대미 억제력이 총체적
인 손실을 보게 된다는 주장입니다. 남중국해·대만해협·동
중국해·한반도에 걸쳐 미국과 군사 경쟁을 하고 있는 중국으
로서는 상당히 부담되는 상황입니다. 그리고 중국은 절대 사
드로 끝나지 않을 것이라고 여깁니다. 사드가 한국에 들어오
면 나중에 현존 사드보다 빠르고 사거리도 긴 'THAAD-ER'

로 업그레이드할 것이고, 또 나중에는 다른 게 들어올 것이고, 계속해서 MD를 강화할 것이라고 여깁니다. 노무현 정부 때 주한미군이 패트리엇 PAC-3를 배치한 적이 있는데 최근 사드를 또 배치한다고 하니 중국으로서는 이런 우려를 가질 법합니다. 또한 한국에 배치되는 미국의 사드는 군사 기술적으로 미일동맹과 통합될 것이라는 점도 잘 알고 있습니다.

둘째는 미국이 중국을 상대로 군비경쟁을 유도하려는 것이 아니냐는 것입니다. 미국 매파들은 레이건의 전략방위구상SDI 이 소련과의 군비경쟁을 격화시켜 소련의 몰락을 가져왔다고 여깁니다. 중국은 이를 반면교사로 삼아왔습니다. 소련의 전철을 밟지 말자고 말입니다. 셋째는…….

최서희 잠깐만요. 중국의 군사비 지출이 이미 만만치 않은 것으로 알고 있는데요.

손대근 중국이 1990년 이후 매년 10% 안팎으로 군사비를 늘려온 것은 사실입니다. 그런데 그 이전에는 너무 낮았었다는 점도 고려해야 합니다. 1990년 중국의 군사비가 한국과 비슷한 수준이었습니다. 또한 현재 절대액수로는 미국의 4분의 1, GDP 대비로는 미국의 2분의 1 정도 됩니다. 미국이 아시아 재균형 전략을 추진하고 특히 한국에 사드 배치를 추진하면서 중국 내 강경파들의 목소리도 커지고 있습니다. 미국과의 격

차가 더 벌어지기 전에 중국도 대대적인 군비증강에 나서야 한다고 말입니다. 그런데 이건 시진핑으로서도 큰 부담입니다. 적정 수준의 현대화는 계속 추진하겠지만, 급격한 군비증강은 경제에도 큰 부담이 된다고 여기기 때문입니다. 시진핑의 당면 과제는 2020년까지 전면적 소강사회小康社會*를 만드는 것입니다. 이를 뒷받침하기 위해 병력 30만 명을 감축하고 군사비 증액율도 10%대에서 7~8%대로 낮추고 있습니다. 한국 내 사드 배치는 이러한 중국의 국가전략에 차질을 줄 수 있다고 보는 것입니다.

최지민 제가 좀 덧붙이자면, 방금 손 박사가 말씀드린 것처럼 사드는 중국의 대미 억제력에 총체적인 차질을 가져오게 됩니다. 그래서 사드를 비롯한 MD에 맞서려면 전략무기의 대대적인 증강을 추진해야 하는데 그 비용이 만만치 않다고 합니다. 그렇다고 손 놓고 있을 수도 없고 해서 사드 배치 움직임을 초기에 막아보려고 하는 것입니다. 더구나 중국의 전략무기 능력은 미국의 10분의 1도 되지 않습니다. 그런데 미국은 1조

---

* 중국공산당 창당 100주년인 2020년 중국의 1차 목표는 '소강(小康)사회 실현'이다. 이는 공자가 제시한 사회발전 3단계 중 두 번째이다. 첫 번째 '온포(溫飽)'는 백성들이 먹는 문제가 해결된 사회고, 두 번째 '소강'은 인간답게 살 수 있는 삶의 질이 보장된 사회, 세 번째 '대동(大同)'은 요순시대의 이상향을 말한다. 2015년 시진핑은 '4대 전면의 개혁심화, 의법치국, 소강사회, 엄격한 당 관리'를 천명했다.

달러를 투입해 핵무기 현대화에 나서고 있습니다. 그런 미국이 방어능력까지 강해지면 전략적 균형추는 미국 쪽으로 완전히 넘어가게 된다는 것을 중국은 걱정하고 있는 것입니다. 이건 러시아도 마찬가지입니다.

최서희 셋째는 뭔가요?

손대근 미국이 중국을 상대로 금융전쟁을 벌이고 있다는 것입니다. 이건 주로 차오량이라고, 공군 장군 출신의 전략가가 하는 말입니다. 제가 재작년 봄에 이 분을 만난 적이 있는데, 흥미로운 말씀을 하셨습니다. 미국이 남중국해 긴장을 고조시키고, 사드 배치를 공론화하고, 한반도에 각종 전략무기를 투입해 무력시위를 벌이고, 미 연방준비은행이 금리를 인상하고, 조지 소로스가 중국 위안화와의 전쟁을 선포한 게 우연의 일치가 아니라는 것입니다. 이 분은 미국이 몇 년 전부터 강한 달러 전략을 구사하고 있는데, 중국을 상대로 화폐전쟁을 벌이면서 중국 주변의 긴장을 고조시켜 중국 등 아시아 국가들에서 달러가 빠져나오게 하려고 한다고 분석했습니다.

최서희 으음, 흥미로운 분석인데 손 박사 본인은 어떻게 생각합니까?

손대근 제가 경제 쪽은 좀 약합니다만, 중국 내에서 차오량의 분석에 동의하는 사람들이 많다는 느낌을 받았습니다. 어쨌

든 중국은 사드를 덫이라고 생각하고 있습니다. 일단 걸려들면 옴짝달싹하기 힘들어진다며, 무슨 수를 써서라도 막아야 한다는 생각이 강합니다.

강의지 한국에 사드가 배치되면 중국이 한국에 보복을 가할까요?

손대근 사드가 배치되고 나면 늦는다고 생각할 것입니다. 그래서 사드 배치 결정이 나오면 바로 대응에 나설 것입니다. 배치 결정과 실제 배치 사이에 시간이 있으니, 이 사이에 한미 양국의 결정을 번복시키려고 할 것입니다. 한국에는 주로 경제적 압박을 가하고, 미국에는 전략적 압박을 가할 것으로 예상됩니다. 중국인들의 반한감정 표출을 방치한다거나, 대부분 국영으로 운영되는 중국의 여행사에게 한국여행을 중단하라거나, 중국 내 한국기업의 인허가절차를 복잡하게 하고, 한류를 차단하고, 한국산제품의 통관과 검역을 까다롭게 하는 방식을 생각해볼 수 있습니다. 한국 내에서는 양국의 경제가 상호의존적이고 중국경제도 좋지 않기 때문에 경제보복을 하지 못할 것이라는 얘기가 있습니다만, 한중 간의 경제의존도는 대단히 비대칭적입니다. 한국의 대중의존도는 30% 가까이 되는 반면에, 중국의 대한의존도는 4%에 불과합니다. 우리로서는 중국과의 경제전쟁은 절대로 피해야 할 시나리오입니다.

최서희　으음, 중국의 사드 반대 입장이 예상보다 강한 것 같군요. 그런데 미국에는 어떤 압박을 가할까요?

손대근　미국에 대해서는 경제적 압박보다는 전략적 압박을 가할 것입니다. 미중경제가 워낙 상호의존적이라 중국이 쉽게 경제적 보복을 가하기는 어렵습니다. 전략적 압박이란 미국이 가장 우려하는 시나리오, 즉 중국과 러시아가 손을 잡겠다고 압박하는 것입니다. 한국에는 잘 알려져 있지 않지만, 미중 간에 핵무기와 MD 등 전략 논의가 시작된 지 10년이 훨씬 지났습니다. 중국은 미국이 핵무기 현대화와 MD로 전략적 균형을 와해시키면 중국도 전략무기 증강에 나서지 않을 수 없다고 경고해왔습니다. 하지만 자체적인 전략무기 증강은 경제적으로 큰 부담이 따릅니다. 그래서 러시아 전략무기 기술을 도입하려고 할 것입니다. 러시아 경제도 어렵고, 또 사드에 대한 반대전선도 펴왔으니 충분히 가능하다고 여기고 있습니다. 중국과 러시아가 공식적인 동맹을 맺지 않아도 전략무기 거래 등 협력을 강화하는 것만으로도 미국은 상당한 부담을 느낄 겁니다. 제가 알기로는 재작년에 오바마 행정부가 사드 배치 결정을 못 내린 데에는 중국과 러시아의 공동 압박이 있었기 때문입니다.

강의지　시간이 다 돼서 이만 마쳐야 할 것 같습니다. 당선자님 혹시 마지막으로 묻고 싶은 게 있으신지요?

최서희 우리 정부가 취해야 할 입장이랄까 전략이랄까, 이런 거에 대해 말씀해주시면 좋겠습니다.

손대근 대통령 당선자님의 공약과 그 이후 밝히신 말씀에 답이 있다고 생각합니다. 중국이 한국에 갖고 있는 가장 큰 불만은 왜 북한과의 협상을 마다하느냐는 것이었습니다. 아시다시피 6자회담이 문을 닫은 지 10년째가 되었습니다. 북한이 회담을 거부한 적도 있지만, 주로 한미 양국, 특히 이명박과 박근혜 정부가 대북협상에 부정적인 태도를 취한 것이 주된 요인이었습니다. 제가 여기에 오기 전에 중국 지인들에게 물어보니, 중국의 가장 큰 바람은 한국의 새로운 정부가 중국과 협력해 북한과 미국을 협상테이블로 다시 불러내는 것이라는 얘기를 들었습니다. 아마 비핵화와 평화협정 논의가 시작되면 중국은 그 어느 때보다 강한 의지를 가지고 성과를 내려고 할 것입니다.

"말씀 잘 들었습니다. 혹시 우리 정부를 도와주실 수 있는지요?"

공식적인 좌담회가 끝나고 최서희가 손대근에게 악수를 청하면서 물었다.

"이틀 후에 강의지 위원과 함께 베이징에 가주시면 고맙겠

습니다. 통역을 도와주면서 중국 측 얘기의 맥락을 정확히 파악해주시면 큰 도움이 될 것 같아서요."

"네. 영광으로 알고 모시고 가겠습니다."

"허허, 저 친구 물건이네. 강 위원이 베이징에 동행하면서 잘 살펴봐요. 우리 정부가 출범하면 청와대에서 일할 만한 인물인지."

최서희와 강의지가 당선자 집무실로 자리를 옮겼다.

"아참, 그리고 베이징에 갔다가 평양으로 들어가는 준비는 잘되고 있나요? 비밀리에 잘 다녀오셔야 하는데요."

"네. 이미 중국 쪽에서 중재를 해놨다고 합니다. 중국 측에서 비행기도 마련해주기로 했습니다. 평양에는 아침 일찍 가서 저녁에 돌아오는 일정입니다. 하지만 김정은을 만날 수 있을지는 미지수입니다. 북한 관례상 사전에 확답을 받기는 어려울 것 같습니다. 제가 시진핑을 만나면 김정은에게도 메시지를 전달해달라고 부탁해보겠습니다."

"김정은을 만나는 게 아주 중요해요. 만나서 최소한 비핵화를 논의할 의사가 있다는 말을 받아내야 합니다. 그래야 나중에 미국을 설득하기가 쉬워집니다."

"네. 제 이름값을 해보겠습니다."

면담

　대통령 당선자 특사 자격으로 베이징을 방문한 강의지는 시진핑을 예방하는 등 중국 지도부 인사들을 두루 만났다. 강의지는 2016년 2월부터 중국 정부가 제안해온 비핵화–평화협정 동시 협상에 동의한다는 최서희의 친서도 전달했다. 시진핑은 한국의 새로운 정부와 협력하기를 학수고대하고 있다고 화답했다. 또한 시진핑은 강의지가 평양에 가면 "좋은 소식이 있을 것"이라고 말해 김정은과의 면담이 성사되었다는 점을 강력히 시사했다. 강의지는 중국 측이 마련해준 전용기로 평양에 도착했다. 언론에는 노출되지 않았다.

강의지　우리 당선자께서는 남북관계를 포함해 한반도문제를

총체적으로 해결하겠다는 의지가 대단히 강하십니다. 김 위원장께서 용단을 내려주시면 큰 기회가 올 것입니다.

김정은 나도 그건 잘 알고 있어요. 강 선생께서도 상당한 식견과 실력을 갖고 있다는 것도 잘 알고 있습니다. 하지만 비핵화는 안 되는 말이오. 더구나 이건 북남 간에 논의할 문제도 아닙니다.

강의지 지금 모든 게 핵문제에 막혀 있습니다. 핵문제에 진전이 없으면 아무것도 못하다는 건 김 위원장께서도 잘 알고 계시지 않습니까?

김정은 그건 남측의 의지에 달려 있어요. 귀측에서 핵문제와 북남관계를 연계시켜서 그러니 그 둘을 분리하면 문제는 쉽게 풀립니다.

강의지 그건 우리 당선자께서도 동의할 수 없다고 하십니다. 생각해보십시오. 북측의 핵무장으로 남측이 가장 큰 위협을 받고 있습니다. 그리고 핵문제의 진전이 있어야 남북관계도 지속적으로 발전할 수 있다는 걸 똑똑히 경험하지 않았습니까?

김정은 길게 얘기할 필요 없어요. 내가 비교 하나 할까요? 남측은 북남관계 발전을 위해 미국과의 동맹을 파기할 수 있습니까? 우리에게 핵무력은 남측의 동맹과도 같은 겁니다. 아니그 이상이죠. 그걸 어떻게 포기할 수 있겠습니까? 그 얘기는

이 정도로 합시다.

강의지 대통령 당선자께서 저한테 이름값하고 오라고 하시 더군요. 제가 쉽게 물러날 것 같았으면 이곳에 오지도 않았습니다.

황병서 강 선생, 예의를 지키세요!

김정은 황 동지는 가만히 있어 봐요. 그래, 얘기를 좀 더 들어봅시다.

강의지 북측의 우려를 모르는 게 아닙니다. 하지만 당선자께서는 북측이 핵무장이 아니라 다른 방식으로 안보도 더 튼튼해지고 경제도 발전할 수 있는 방안 마련에 몰두하고 있습니다. 그래서 평화협정 논의에도 적극적입니다.

김정은 평화협정이야 미국하고 하는 것이고…….

강의지 그건 안 됩니다.

황병서 아니 이 자가!

김정은 가만히 있으라고 하지 않았소. 둘이 얘기할 테니 나가 있어요. 강 선생 얘기를 길게 듣고 싶지만, 시간이 별로 없어요. 요점만 말해보세요.

강의지 감사합니다. 김 위원장께서 비핵화와 관련해 협상할 용의가 있다는 메시지를 주시면 당선자께서는 북측의 우려를 해소하고 남북관계의 새로운 문을 활짝 열 수 있다는 강력한

의지를 갖고 계십니다.

김정은 우리의 우려를 해소해준다? 남조선 미군도 철수시킬 수 있소? 동맹도 끝내고 말입니다.

강의지 그건 협상을 하지 않겠다는 것과 마찬가지 말씀 아닙니까? 주한미군과 한미동맹은 북측이 관여할 문제가 아닙니다.

김정은 허허, 강 선생 의외로 답답한 구석이 있군요. 우리를 겨냥해서 있는 미군에 대해 우리는 아무 말도 하지 말라? 그러고도 우리의 우려 해소 어쩌고저쩌고 그러세요?

강의지 주한미군이 통일 이후에도 주둔하는 게 바람직하다는 건 김 위원장님의 부친께서도 말씀하신 바가 있습니다. 문제의 핵심을 주한미군과 한미동맹으로 볼 것이 아니라 평화협정과 북미수교로 봐주셔야…….

김정은 그건 옛날 얘기입니다. 우리한테 핵무력도 없을 때였고. 말씀 잘 들었으니 이 정도로 합시다.

강의지 아직…….

김정은 됐어요. 그리고 내 부친 때 얘기가 나왔으니 한 마디만 하죠. 그래서 어떻게 되었습니까? 내 아버지는 미군주둔까지 용인하겠다며 미국과의 관계정상화를 추진했어요. 근데 결과가 무엇입니까? 온다고 했던 빌 클린턴은 오지도 않았고, 부시로 정권이 바뀌면서 우리를 악의 축으로 몰아세우지 않

았습니까? 남조선은 어떻습니까? 정권이 바뀌니까 6·15 공동 선언과 10·4 선언이 휴지조각이 되지 않았습니까?

강의지 그렇게 된 데에는 북측의 책임도 있습니다. 김정일 위원장께서 미사일 문제와 관련해 좀 더 빨리 결단을 내렸다면, 빌 클린턴의 방북도 성사되었을 것이고…….

김정은 자자 그만 하자니까요. 이번에는 인사차 오신 걸로 알고 있겠습니다. 최서희 당선자께도 안부 말씀 전해주세요.

"강 선생, 담배 피우세요?"

김정은과의 면담에 배석한 리용호가 강의지를 배웅하면서 담배를 건넸다. 리용호는 6자회담 수석대표와 외무성 제1부상을 맡았다가 2016년 5월 외무상에 임명된, 김정은의 대외 전략 핵심 참모이다.

"몇 년 전에 끊었습니다. 예상은 했지만, 김정은 위원장께서 너무 완고하시군요. 리 외무상께서도 김 위원장께 건설적인 조언을 많이 해주십시오."

"너무 낙담하지 마세요. 우리 지도자동지께서 강 선생을 만나준 것만으로도 의미 있는 일입니다. 어쩌면 비핵화니 어쩌고 하는 의제보다 사람의 만남 자체가 중요할 수 있어요. 이제 시작이라고 생각하시고……."

"그 말씀은······."

"오늘은 화두만 던지는 것으로 하죠. 암튼 정부 출범 준비로 많이 바쁘실 텐데, 건승을 기원하겠습니다. 나중에 좋은 자리에서 만날 기회가 오겠지요."

리용호가 악수를 하고 나서 승용차 뒷문을 열어주면서 말했다.

"거, 공항까지 잘 모셔드리라우."

친구

"오늘은 친구로서 술 한 잔 하고 싶네. 말 놓고 편하게 얘기
하자고."

강의지와 마주앉은 최서희가 소주를 권했다.

"아이고 그건……."

강의지가 두 손으로 술잔을 받았다.

"아니야. 오늘만큼은 친구로 돌아가고 싶어. 안주도 우리가
대학 때 자주 먹던 닭곱창 아닌가? 생각 같아서는 거기 가서
한잔 하고 싶었지만, 그럴 수 없으니 내가 특별히 주문해서 받
아온 거야. 나도 편하게 얘기하고 싶어서 그러니 사양하지 마."

"그럼……."

강의지가 웃으며 한 손으로 최서희에게 소주를 따랐다.

"예상은 했지만, 역시 만만치 않군. 김정은한테 비핵화는 씨알도 안 먹히는 것 같고, 미국은 박근혜 때 한 약속을 지키라고 하고 있고. 중국의 사드 배치 반대 입장은 여전하고. 비핵화 협상이 시작되지 않으면 사드 배치를 막을 명분도 약해질 텐데. 그럼 경제에 직격탄이 될 거고."

"어차피 길게 보고 가야 해. 일단 취임사에서 문제 해결 의지를 강력히 천명하는 게 중요해. 10년 만에 정권 교체가 되었으니 너의 메시지를 북한과 관련국들이 주시할 거야."

"미국 쪽에서는 내가 3월 하순에 미국에 가는 걸 받아들이겠다고 했다지?"

최서희가 고개를 끄덕이며 묻는다.

"응, 하지명 위원이 어제 미국에서 귀국했는데, 미국 정부도 빨리 만나고 싶대. 아마 네가 누군지 궁금하겠지."

강의지가 웃으며 자신의 술잔을 비워 건넸다. 하지명은 인수위에서 유력한 외교장관 후보로 거론되는 인물이다.

"술잔 돌리자고? 닭곱창이면 소주 네댓 병은 마셔줘야 하는데 말이야. 하하"

"그건 다음 기회를 보기로 하고 취임식 준비에 박차를 가하자고. 미국 쪽에서는 수전 킴 안보 보좌관이 취임식 특사로 오기로 했는데, 하지명 위원 얘기로는 우리하고 얘기가 잘 통

할 것 같은 인상을 받았다고 하더군."

"그래 미국 정부에 우군을 확보하는 게 대단히 중요하지. 대통령 최측근이 온다고 하니 반가운 소식이군. 의지 너도 좋은 인상을 심어줘야 해."

"야, 그게 뜻대로 되나? 대학 때 내가 폭탄 제거반이었잖아."

"그러니까 네가 딱이지. 수전 킴하고 호흡을 잘 맞춰서 핵폭탄을 제거해보라고. 하하."

최서희가 호탕하게 웃으며 술잔을 건넸다.

"그건 그렇고. 네가 보기엔 특사외교를 종합해보니 희망의 근거가 있는 것 같아?"

"힐러리 클린턴 행정부도 뭔가 신선한 옵션이 필요하다고 여기는 것 같아. 미국 내에선 펜타곤을 중심으로 북핵을 꽃놀이패로 이용해온 것과 뭔가 돌파구를 마련해야 한다는 입장이 오랫동안 충돌해왔잖아. 네가 대통령에 당선되면서 클린턴도 다른 접근이 불가피하다고 생각하고 있을 거야. 사실 이명박과 박근혜 정부 때는 한국이 협상을 기피하면서 미국 내 대북 강경파들에게 힘을 실어줬잖아. 네가 수전 킴을 접견할 때 한미공조의 새로운 장을 열자고 적극적인 메시지를 보내는 게 중요할 거야. 중국의 강한 의지도 우리한텐 도움이 될 거고. 시진핑은 10년 동안 6자회담이 한 번도 열리지 않고 있

는 것에 강한 우려를 표하면서 한중공조를 통해 비핵화와 평화협정을 동시에 협상하면 성과가 나올 거라고 확신한다고 했어."

"중국으로서는 그럴 만도 하겠지. 협상 문이 열려야 곤혹스러운 상황이 덜어질 테니 말이야. 문제는 사드인데……."

"내가 시진핑을 만났을 때, 북한이 협상을 끝내 거부하면 한국은 사드 배치를 고려할 수밖에 없다는 점을 설명했어. 시진핑이 그 얘기를 듣고는 '그럴 일이 없도록 함께 힘을 모읍시다'라고 얘기하더군."

"그럼 네가 수전 킴을 만나면 먼저 협상 재개를 위해 총력을 기울이고 북한이 끝내 거부하면 그때 가서 사드 배치를 논의해보자는 게 우리 입장이라는 점을 명확히 설명해줘. 시진핑도 협상 재개 및 재개 시 성과 도출을 위해 총력을 기울이겠다는 의지를 보여줬다고 강조하면서 말이야."

"알았어. 아마 미중 간의 입장은 이 정도에서 교집합을 찾을 수 있을 거야. 문제는 북한인데, 리용호가 흥미로운 말을 하더군. 만남이 중요하다고 말이야."

"으음, 안 그래도 데이비드 레이놀즈가 쓴 《정상회담》이라는 책을 며칠 전에 다 읽었어. '정상^{Summit}'이라는 말은 윈스턴 처칠이 만들어냈다고 하더라고. 국가의 최고 지도자는 산 정

상에 오르는 심정으로 외교에 임해야 한다고 말이야. 책에서는 정상 간의 유대가 만들어지면 권력이 지배한다는 국제관계에서도 의미 있는 결과를 만들어낼 수 있다고 강조하더군."

"그렇지. 정상 간에 인간적 유대를 맺어 케미를 만들어야해. 리용호가 화두를 던지듯 말한 것도 이걸 의미하는 것 같았어."

"내가 등산로를 잘 짜야겠군. 워싱턴과 베이징을 거쳐 평양으로 가는 일정으로 말이야. 근데 나만 정상에 올라서는 안되겠지. 결국 김정은과 클린턴이 정상에서 만나는 게 중요해. 어찌 보면 우린의 역할은 셸파일 거야."

"준비물은 걱정하지 마. 네가 험준한 산을, 그것도 여러 정상을 정복해야 하는데, 내가 잘 준비해야 하지 않겠어."

"하하, 그렇지. 역시 우리 의지야. 우리의 의지를 되새기는 의미에서 한번 꺾자."

최서희가 일어나면서 오른팔을 내밀어 러브 샷을 청한다.

"내 이름 갖고 장난치는 건 여전하군. 하하"

최서희와 강의지는 결국 김정은과의 직접 소통 이외에는 대안이 없다는 것에 뜻을 같이 했다. 북한의 정책결정 과정은 거의 알려진 바가 없기 때문에 김정은과 개인적 유대를 만드

는 게 대단히 중요하다고 여겼다. 물론 고민이 없는 것은 아니었다. 김정은이 역이용할 수도 있고, 국내정치적으로는 공격당하기 십상이기 때문이다. 하지만 이것밖에 방법이 없다고 생각했다. 잠자리에 들면서 최서희는 정 상 회 담 네 글자를 뇌리에 깊이 새겼다.

응시

"대통령님께서는 취임사에서 '비상한 각오로 핵문제 해결에 나서겠다'고 말씀하셨습니다. 비상한 각오가 뭘 뜻하는지 말씀해주십시오."

최서희의 첫 내외신기자회견에서 《뉴욕타임즈》 기자가 물었다.

"50여 년 전 귀국의 대통령 존 F. 케네디는 핵무기를 다모클레스의 칼에 비유하면서 그 칼이 인류를 죽이기 전에 인류가 그 칼을 없애야 한다고 역설한 바 있습니다. 북핵이 전략화, 실전 배치되었다고 합니다. 우리에겐 존재론적 위협이 될 수도 있습니다. 하지만 한미동맹은 강력한 대북 억제력을 갖고 있습니다. 미국의 핵우산과 우리 군대의 단호한 의지는 다

모클레스의 칼이 떨어지는 걸 용납하지 않을 것입니다. 이에 대해서는 그 누구도 오판하지 말아야 합니다. 또한 우리 정부는 다모클레스의 칼이라는 존재가 흔들리지 않도록 그 칼을 잡고 있는 말총을 안전하게 만들 것입니다. 그건 바로 관계입니다. 한반도의 군사적 긴장을 낮추고 남북관계의 현안을 하나하나 풀어서 말총이 끊어지는 일이 없도록 할 것입니다. 그리고 협상의 문을 활짝 열 것입니다. 문제를 해결하겠다는 단호하고도 강력한 의지를 가지고 말입니다."

《뉴욕타임즈》 기자가 거듭 물었다.

"북한은 절대로 핵을 포기하지 않겠다고 합니다. 어떤 복안이 있는지 궁금합니다."

"사람 사는 세상에 절대로 안 되는 것은 없습니다. 물리학의 결정체인 핵과 변화무쌍한 인간의식이 만나면 어떤 화학작용을 일으킬지는 아무도 장담할 수 없는 문제입니다. 아까 말씀드린 케네디는 대선 유세 때 이른바 '미사일 갭' 논쟁*을 촉발시켜 미국의 핵무기고를 비약적으로 늘린 바 있습니다. 그랬던 케네디가 핵무기 없는 세계를 주창했습니다. 레이건과

---

* 소련이 미국보다 미사일을 더 많이 보유하고 있을 것이라고 추정해 미국이 핵무기와 그 운반수단을 늘려야 한다는 주장. 미국인들의 우려를 반영한 케네디의 대선전략이었다. 사실은 미국이 압도적으로 많은 핵무기를 보유하고 있었다.

고르바초프는 서로 경쟁적으로 핵무기를 만들었습니다. 그랬던 두 사람이 핵무기 감축에 합의하고 총성 한방 울리지 않고 냉전종식에 합의했습니다. 우리 정부는 관련국들, 당사국들과 함께 새로운 케미를 만들어낼 것입니다. 악순환의 화학작용이 아니라 선순환의 화학작용을 만들어낼 것입니다."

이번에는 《조선일보》 기자가 손을 번쩍 들었다.

"북한과는 과거에도 여러 차례 협상한 바가 있지만 모두 실패로 끝났습니다. 또한 협상에 나섰다가 대화-양보-도발로 이어지는 북한식 패턴이 재연될 것이라는 우려도 강합니다. 이에 대해서는 어떻게 생각하십니까?"

"그 과거가 너무 오래 전 일입니다. 6자회담이 멈춘 지 10년이 지났습니다. 정전체제를 평화체제로 대체하기로 한 평화포럼은 2005년 9·19 공동성명에서 합의만 해놓고 한 차례도 열리지 않았습니다. 협상다운 협상은 이제껏 없었던 셈입니다. 제가 취임했을 때 귀사를 비롯한 모든 언론이 저에게 비상한 각오로 북핵에 대처하라고 주문했습니다. 그렇습니다. 북핵이 존재론적인 위협이라면 그에 걸맞은 비상한 각오가 필요합니다. 저는 단호한 의지로 협상에 임할 것입니다. 물론 협상으로 가는 길은 탄탄대로가 아닙니다. 험난해도 그렇게 험난한 길이 없을 겁니다. 그래도 가야 합니다. 그 길을 가라고 국민들

이 저를 대통령으로 뽑아주신 것 아닙니까?"

《프레시안》기자가 나섰다.

"방금 전 케미를 말씀하셨습니다. 그 말씀은 김정은 노동당 위원장과의 정상회담도 적극 추진하시겠다는 뜻입니까?"

"물론입니다. 그것도 한번이 아니라 자주 만날 겁니다. 레이건과 고르비가 처음 만났을 때 두 사람은 대판 싸웠다고 합니다. 두 사람만 싸운 게 아니라 핵겨울이라는 말이 나올 정도로 핵전쟁 위험도 높았습니다. 그런데 3년 후에 냉전을 종식키로 했습니다. 이게 어떻게 가능했을까요? 바로 두 지도자가 끊임없이 만난 결과입니다. 저도 김정은 위원장을 여러 번, 아니 '또 만나?'라는 말이 나올 정도로 자주 만날 겁니다. 저만 만나는 게 아니라 다른 나라 지도자들도 만날 수 있게 도울 겁니다."

"허허. 내가 만만치 않은 상대를 만난 것 같군."

김정은이 TV로 최서희의 기자회견 생중계를 지켜보고 있다. 김정은은 TV를 통해 비춰진 최서희의 눈빛에서 묘하고도 강렬한 느낌을 받았다. 마치 자신을 응시하면서 말하는 것처럼 말이다.

"리 동지가 보기엔 어떻소?"

"저 얘기는 위원장님께 하는 말입니다. 위원장님께서 단단히 각오하셔야 할 것 같습니다."

리용호 외무상이 웃으며 답했다.

"하하. 각오라. 남측에서 제안이 오면 내가 저 사람을 만나야 할 거 같소? 보나마나 지난번에 만난 강의지처럼 비핵화를 들먹일 텐데."

"이미 우리 공화국이 핵무기를 30개 정도 갖고 있으니 핵동결과 평화협정을 맞바꾸는 협상은 해볼 만할 것 같습니다. 우리의 핵무력 건설에는 제재가 아무런 영향을 주지 않고 있지만, 경제건설에는 차질을 빚고 있습니다. 협상을 재개해 평화협정 체결과 함께 제재 해제도 강력히 요구해야 합니다. 이런 문제들에 대해 남측에서 관심을 보이면 위원장님께서 남측 대통령을 만나는 것도 적극 고려해보시길 바랍니다."

"핵동결과 평화협정을 맞바꾸는 방안은 과거에 미국한테 타진한 바 있어요. 그런데 미국은 거절했고."

"미국과 남조선 내에서도 결국 대안은 그거밖에 없다는 얘기가 힘을 얻고 있습니다. 최서희 대통령이 미국에 다녀오면 아마 남측에서 우릴 만나자는 제안이 올 것입니다. 그 때 위원장님께서 믿는 분을 내보내 남조선과 미국의 진의를 파악해보면 좋을 것 같습니다."

김정은이 고개를 끄덕이면서 다시 TV 화면을 응시했다.

"거듭 강조하고 싶습니다."

최서희가 흡사 유세장인 듯 주먹을 불끈 쥐고 말했다.

"혹자는 내가 김정은 위원장을 만나면 제2의 뮌헨협정이
될 것이라고 우려합니다. 영국수상 챔벌린이 뮌헨에서 히틀러
와 불가침각서를 교환하고 히틀러에 양보했다가 당했다는 것
처럼 말입니다. 하지만 오늘날의 세계는 그때와는 완전히 달
라져 있습니다. 한미연합정보자산이 북한군의 움직임을 속속
들이 들여다보고 있습니다. 중국과 러시아 등 국제사회 모두
가 제2의 한국전쟁을 원하지 않고 있습니다. 북한이 한쪽에서
는 대화를 하고, 다른 한쪽에서는 전쟁을 준비하는 상황 자체
가 불가능하다는 것입니다. 우리는 자신감을 가져야 합니다.
한국의 국력은 북한보다 월등히 위에 있습니다. 6자회담에는
세계적인 강대국들이 포함되어 있습니다. 그런데도 북핵 해결
에 실패했습니다. 그건 힘이 부족해서가 아닙니다. 문제를 풀
고자 하는 의지가 부족했기 때문입니다. 제가 국민 여러분과
국제사회에 자신 있게 말씀드릴 수 있는 것은 그 어느 때보다
문제를 풀겠다는 강한 의지를 가진 정부가 한국에 들어섰다
는 점입니다."

《중앙일보》기자가 질문을 던졌다.

"대통령님의 의지는 이해하겠지만, 손도 마주잡아야 악수가 되고 박수도 마주쳐야 소리가 난다고 합니다. 북한이 과연 핵을 포기할까요? 대통령님께선 복안을 갖고 계신가요? 국민과 국제사회는 이걸 궁금해하는 것입니다."

"나는 어떠한 환상도 갖고 있지 않습니다. 또한 의지가 때로는 과욕을 부르고 그 과욕이 오판을 부르는 일도 스스로 경계할 것입니다. 진정한 자신감은 겸손함으로부터 나옵니다. 내 임기 내에 북핵문제가 완전히 해결되지 않을 수도 있습니다. 핵무장의 문턱을 넘지도 않았던 이란 핵문제도 합의 이행 기간을 15년으로 잡았습니다. 나 역시 협상의 문을 여는 것도, 그 문 안으로 들어가 협상을 타결 짓는 것도, 합의 사항을 이행하는 것도 너무나도 어려울 것이라는 점을 잘 알고 있습니다. 완전한 해결까지 얼마나 많은 시간이 걸릴 지 아무도 장담할 수 없고요. 하지만 그것이 아무리 어렵고 힘들더라도 그 길로 가지 않으면 대한민국의 미래가 없다는 점은 더 잘 알고 있습니다. 여기는 협상장이 아닙니다. 협상장에서 내놓을 패를 여기서 보여주면 우리의 협상력은 약해질 수밖에 없습니다. 또한 우리가 추구할 해법은 우리 혼자 만드는 것이 아닙니다. 우리가 주도는 할 수 있지만, 관련국들과 긴밀한 협의

를 거쳐야 합니다. 다만 약속드리겠습니다. 관련국들과의 협의 결과는 가능한 범위 내에서 국민 여러분과 국제사회에 공개해나갈 것입니다. 날카로운 비판도 달게 받겠습니다. 그 과정 속에서 북한의 핵 포기를 이끌어낼 해법이 더욱 건실해질 테니까요."

《KBS》기자도 질문에 나섰다.

"마지막으로 사드 관련해서 질문을 드리고 싶습니다. 대통령께서도 아시다시피 미국은 사드 배치와 관련해 전임 정부와의 합의가 존중되기를 바란다는 입장을 표명하고 있습니다. 이런 상황에서 사드 논의를 원점으로 돌리면 한미동맹이 불안해질 것이라는 우려가 나오고 있습니다. 이에 대해서는 어떻게 생각하시는지요?"

"사드 문제와 관련해서 한미 양국은 긴밀한 협의를 하고 있습니다. 우리는 미국 측에 협상을 통한 문제 해결이 훨씬 효과적이라는 점을 강조하면서 먼저 북한과의 협상을 추진하고 북한이 협상을 거부하거나 성과가 없을 경우에 사드 배치를 논의하고자 한다는 입장을 전달했습니다. 이에 대해서 미국 측도 우리의 입장을 이해한다고 했습니다. 그리고 한미 간에 조금이라도 이견이 있으면 마치 한미동맹에 문제가 있는 것처럼 말하는 것은 받아들일 수 없습니다. 진정한 친구, 진정한

동맹은 이견을 솔직히 얘기하고 상호 만족할 수 있는 방법, 더 나은 미래를 설계할 수 있는 비전을 모색할 때 굳건해질 수 있습니다. 그래서 차이와 이견은 건강함의 방증이지 결코 불안함의 근거가 될 수 없습니다. 나는 한미동맹이 이 정도의 관계는 된다고 확신합니다."

호의

  최서희와 힐러리 클린턴은 3월 20일 오전 첫 정상회담을
가졌다. 이 자리에서 최서희는 '선 협상, 후 사드 검토' 입장을
전했고, 클린턴도 이에 동의했다. 정상회담 전 양측 외교장관
및 강의지와 수전 킴이 두 차례에 걸쳐 협의한 내용이 정상회
담에서 추인된 것이다. 뒤이은 기자회견에서 두 사람은 비핵
화와 평화협정을 "상호 조율된 방향으로" 논의할 의사가 있다
고 천명하면서 북한의 호응을 촉구했다.

  하지만 기자회견 문답 과정에서 "상호 조율된 방향으로"라
는 표현을 둘러싸고 최서희와 클린턴이 미묘한 입장 차이를 드
러냈다. 최서희는 이 표현이 중국이 주장하는 '동시 협상을 의
미하느냐'는 질문에 "비핵화와 평화협정의 선후관계보다 선순

환적 진전이 중요하다"고 강조했다. 그는 특히 "결국 비핵화와 평화협정도 큰 틀의 평화체제의 중요한 요소들"이라며, "비핵화와 평화협정을 융합시켜 공고하고도 항구적인 평화체제를 만들어야 한다"고 역설했다. 반면 클린턴은 "선후관계에 구애받아서는 안 된다는 최서희 대통령의 말씀에는 동의하지만 중요한 것은 비핵화"라고 말했다. 그러면서 "비핵화 없는 평화협정은 있을 수 없다"는 점도 거듭 강조했다. 기자회견을 마치고 오후에 두 사람은 미국 대통령 별장인 캠프 데이비드로 옮겨 산책로를 걸으며 대화를 나눴다.

최서희 이렇게 격식을 내려놓고 대화하니 한결 편합니다. 편한 자리이니 솔직한 말씀을 나눴으면 합니다. 시니어 부시 대통령께서 1989년에 몰타에서 소련의 고르바초프 서기장을 만나 냉전은 끝났다고 선언했을 때, 나는 대학원생이었습니다. 그 때 내 머리를 스치듯 '우리 한국은?' 이라는 의문이 떠올랐습니다.

클린턴 무슨 말씀인지?

최서희 한반도는 아직 분단 상태이고 전쟁도 공식적으로 끝난 게 아닌데 미국과 소련이 그렇게 선언한다고 냉전이 정말 끝난 것인가 하는 의문이 든 것이죠. 더구나 한반도 분단은

미소냉전이 큰 영향을 미쳤는데…… 뭐 젊을 때였으니 일종의 반발심이 든 거죠.

클린턴 충분히 그럴 수 있겠네요. 말씀 들어보니. 내가 미처 생각하지 못한 문제인 것 같습니다. 하지만 한반도문제가 풀리지 않은 데에는 북한의 책임이 큽니다.

최서희 솔직히 각하를 만나기 전에 정말 고민이 많았습니다. 첫 만남인데 어디까지 말씀을 나눠야 하나, 각하를 설득하고 싶은데 그게 될까, 나는 온통 머릿속에 각하를 만나면 무슨 얘기를 나눌까 하는 고민으로 가득했습니다. 그런데 각하께서는 그럴 필요도 여유도 별로 없지 않습니까. 학자들이 한미동맹을 가리켜 비대칭동맹이라고 하던데, 정상회담을 준비하면서 그 표현이 정말 맞는 말이구나, 이런 생각도 들었습니다. 우리 한국에게 북핵문제는 사활이 걸려 있고 그걸 조금이라도 좋은 방향으로 유도하기 위해서는 미국의 협조가 절대적으로 필요한데, 과연 각하께서 동의해주실까…… 이런저런 생각으로 마음이 무거웠습니다. 욕심을 내지 말자 하면서도 하루빨리 상황을 반전시키지 못하면 실기하지 않을까, 그런 고민도 있었습니다.

클린턴 솔직한 말씀을 주시니 좋군요. 나도 오전 공식회담 이후 많은 생각이 들었습니다. 관성적으로 생각할 문제는 아니

구나, 하고 말이죠. 각하께서 오전에 말씀하기 곤란하셨던 것이 있으셨다면 지금은 편하게 말씀하셔도 됩니다.

최서희 뭐 나도 뾰족한 수가 있는 건 아닙니다. 다만 심기일전해서 협상다운 협상을 해보자, 그런 생각과 함께 한미공조가 가장 빛을 발휘한 때가 언제인가 생각해보니 페리 프로세스가 생각났습니다. 그래서 두 나라가 힘과 지혜를 모아 제2의 페리 프로세스를 만들어보자…….

페리는 북핵문제와 관련해서도 각별한 인물이다. 1994년 1차 한반도 핵 위기 당시에는 국방장관을 맡아 북폭 계획을 주도했었다. 98년에는 대북정책조정관으로 발탁돼 한국 및 일본과 함께 새로운 대북정책 수립을 주도했다. 99년에 내놓은 보고서에는 새로운 전략이 담겨 있었다. 북한의 핵과 미사일 문제 해결을 "포괄적인 관계 정상화 및 평화협정 체결을 단계적으로 추진한다"는 것이었다. 다행히 북한이 '새로운 제안'을 받아들이면서 '페리 프로세스'는 본격화되었다. 2000년 미국 대선에서 조지 W. 부시 후보가 대통령으로 당선되면서 없었던 일이 되고 말았지만 말이다. 어느덧 90세를 넘긴 페리는 여생을 핵무기 없는 세계를 만드는 데 일조하겠다고 다짐하고 있었다.

클린턴 윌리엄 페리 전 국방장관은 나도 존경하는 분입니다. 내 남편이 대통령으로 있을 때, 국방장관과 대북정책조정관을 지내기도 했었죠. 각하의 의견은 좋은 말씀이긴 한데 북한이 과연 응할까요? 그 때와는 많은 게 변했는데 말이죠.

최서희 그건 나도 압니다. 조건과 환경이 많이 달라졌고 따라서 페리 프로세스의 내용도 바뀌어야 하겠지만 그 정신과 방식을 다시 살려보자는 겁니다. 정신의 핵심은 있는 그대로의 북한을 보자, 우리가 원하는 북한이 아니라. 그래야 우리가 원하는 북한으로 유도할 수 있다, 이 정도일 거 같고요. 방식은 각하와 내가 가장 신임하는 사람을 지명해 제2의 페리보고서를 작성케 하는 거죠. 그걸 가지고 북한과 담판을 시도해보자는 취지입니다

클린턴 으음. 큰 틀에서는 동의합니다. 우리 행정부에서도 검토해보겠습니다. 다만 보고서에 담을 내용에 대해 귀국의 입장을 듣고 싶습니다. 그런 다음에 구체적인 추진 여부를 결정할 수 있지 않을까 합니다.

최서희 구체적인 내용은 내가 한국으로 돌아간 후에 정리해서 알려드리겠습니다. 다만 페리 전 장관께서도 중간단계를 제안하고 있습니다. 각하께서도 아시다시피 지그프리트 해커 박사는 '3개의 노No' 원칙으로 북한이 핵무기를 더 이상 추가

하지 않고, 핵무기 성능을 개선하지 않으며, 외국에 핵무기 판매와 기술이전을 하지 않는다면, 미국도 북한의 우려를 해소하는 방향으로 노력해야 한다는 제안을 내놓은 바 있습니다. 페리 전 장관을 비롯한 여러 사람들도 적극 찬성하고 있고요. 그래서 이 방안을 우선적인 협상 목표로 삼아보자는 게 우리 정부 입장입니다.

클린턴 그러려면 북한에게도 반대급부를 제시해야 할 텐데요.

최서희 대북제재를 대폭 완화하고, 평화협정 체결을 제시할 수 있지 않을까 생각합니다.

클린턴 평화협정 체결은 비핵화라는 목표에 따라 이뤄져야 한다는 것이 양국 정부의 오랜 원칙이었습니다. 핵동결과 평화협정 체결을 맞바꾸는 문제는 많은 검토가 필요할 것 같은데요.

최서희 그래서 중간단계라는 표현을 쓴 것입니다. 각하께서도 잘 알고 계시듯이 비핵화는 단기간에 달성할 수 있는 목표가 아닙니다. 평화협정 역시 체결한다고 해서 바로 평화체제가 구축되는 것이 아닙니다. 핵동결과 평화협정 체결을 비핵화와 평화체제 구축으로 가는 과정으로 이해하고 접근하면 어떨까 하는 생각입니다.

클린턴 그건 우리 행정부 내에서 많은 검토가 필요할 것 같

습니다. 각하께서도 면밀히 검토해보시고, 추후 논의를 해보는 것으로 하면 좋겠습니다.

최서희 내 말씀은 각하께서 국무장관으로 있을 때 하신 말씀과 그 취지가 비슷합니다. 각하께서는 2009년에 '북한이 핵무기를 폐기할 준비가 되어 있다면, 미국은 관계정상화와 평화협정, 그리고 대규모 경제지원에 나설 의사가 있다'고 하셨죠. 핵무기 폐기가 '완료되면'이 아니라 '준비되면'이라는 표현은 부시 행정부 때보다 확실히 진일보한 것이었습니다. 안타깝게도 당시의 대담한 구상은 실현되지 못했는데, 다시 심기일전해서 해보자는 취지입니다.

클린턴 그 때는 북한이 거부했는데, 지금이라고 수용할까요?

최서희 해볼 만한 가치는 여전히 있습니다. 구체적인 방식이야 양측 정부에서 긴밀히 논의하고 북한과 협상하는 과정에서 마련할 수 있다고 봅니다. 중요한 건 의지입니다. 2007년에 국무부 고위관료를 지낸 로버트 아인혼을 만났을 때 이런 말을 하더군요. "이란 핵문제와 비교할 때 북핵문제 해결은 훨씬 쉽다"고 말입니다. 그런데 이란 핵문제는 해결되고 있는데, 북핵문제는 악화되고 있습니다. 제가 각하께 말씀드리고 싶은 것은 버락 오바마 대통령께서 강력한 의지를 가지고 이란 핵협상을 타결했던 것처럼, 각하께서도 북핵협상에 강한 의지

를 가지고 임해주셨으면 한다는 것입니다.

클린턴 이란과 북한은 많이 다르지 않습니까? 핵무장 문턱을 넘지 않은 이란과 공공연히 핵보유국 지위를 노리는 북한을 비교하는 건 곤란합니다. 이란에서는 개혁파 정권이 들어서서 협상에 능동적이었지만, 북한은 퇴행적이고 폐쇄적인 체제를 고수하고 있습니다.

최서희 차이를 따지면 끝이 없습니다. 솔직히 말해 북한과 이란이 다른 선택을 한 데에는 미국 정부가 그들을 상대한 태도의 차이에서 비롯된 측면도 큽니다. 오바마 행정부 때 대통령이 직접 나서서 이란 국민들에게 신년사도 보내고 이란 대통령과 최고 지도자에게 친서도 보내고 전화도 하고 그랬습니다. 그리고 미국은 이란이 인공위성이나 탄도미사일을 발사했을 때에도 유엔안보리에 회부하지 않았었죠. 이란도 북한과 마찬가지로 유엔안보리 결의에 따라 로켓 발사가 금지되었음에도 불구하고 말입니다. 협상이 시작되자 국무장관과 에너지부장관 등 고위관료들이 총출동해 끝장 협상을 벌이기도 했습니다. 강력한 의지와 집중이 불가능해보였던 이란 핵문제 해결을 가져왔던 것입니다. 하지만 북한에 대해서는 '전략적 인내'라는 모호한 정책으로 일관하고 말았습니다. 그렇게 된 데에는 북한의 책임도 크고, 협상에 미온적이었던 한국의 전

임 정부들의 책임도 없다고는 할 수 없습니다. 하지만 미국 정부가 문제 해결에 강력한 의지를 보여주지 못한 것도 사실입니다. 그리고 적대국과의 외교협상은 정치체제를 초월하는 문제입니다. 닉슨 대통령이 중국을 방문하기 전까지 미국은 중국을 '죽의 장막'이라고 부르면서 세계 최악의 독재정권이라고 비난했습니다. 또한 레이건 대통령은 소련을 '악의 제국'이라고 부르면서도 소련과의 협상을 선택해 미소 냉전종식의 디딤돌을 놓았습니다.

클린턴 각하께서는 정말 이번 회담에 준비를 많이 하셨군요. 각하의 강력한 의지를 확인할 수 있어서 뜻 깊은 대화였던 것 같습니다. 식사시간이 다 되었는데 드시면서 말씀 더 나누시죠.

최서희 나도 각하의 호의에서 희망을 느낍니다. 그런데 한 가지 더 말씀드리고 싶은 게 있습니다. 결국 김정은의 전략적 셈법을 바꿔놓을 사람은 미국 대통령 밖에 없습니다. 각하께서도 여러 가지 조건과 환경이 조성되면 북한 지도자를 만나는 것에 대해서도 긍정적으로 검토해주시기 바랍니다.

클린턴 각하께서 얼마 전에 기자회견하신 내용을 보고 받고 저도 생각해봤습니다. 하지만 그건 나중에 검토하는 게 좋겠습니다.

"각하께서 서울에서 하신 기자회견을 보니 김정은을 만나겠다는 의지가 상당히 강하시더군요. 각하뿐만 아니라 내 아내도 만나게 하겠다는 말씀도 하셨고요."

빌 클린턴이 만찬 자리에서 최서희에게 말했다.

"하하, 그건 클린턴 전 대통령님이 2000년에 약속했던 바이지 않습니까? 공화당의 반대로 무산되고 말았지만 말입니다."

최서희가 웃으며 말했다.

"하하, 클린턴이 다시 대통령이 되었으니 그 때 약속을 지키라는 말씀이군요."

빌 클린턴이 힐러리 클린턴에게 고개를 돌리면서 말을 받았다. 그러자 힐러리 클린턴이 다소 당황한 표정으로 영부인 이미란 쪽을 바라보았다.

"이 스테이크는 내 남편이 직접 요리한 것인데 맛이 어떤지요? 남편 분이 대통령이 된 이후에도 남편 역할을 잘하고 있습니까?"

밀담

한미정상회담 사흘 후 대북정책을 총괄적으로 점검하고 대책을 마련하기 위해 힐러리 클린턴은 NSC 회의를 소집했다.

"같은 말을 세 번 사서는 안 됩니다. 제네바합의와 9·19 공동성명에서 핵 포기를 약속했던 북한입니다. 그걸 헌신짝처럼 저버린 북한과 또 다시 합의를 추진하면 북한에게 또 당할 수 있습니다."

로버트 코헨 국방장관이다. 그가 말을 이어갔다.

"북한과 합의에 도달하더라도 그들은 우리한테 양보만 얻고 또다시 합의를 어기는 패턴을 반복할 것입니다. 그렇게 되면 공든 탑이 흔들릴 수 있습니다. 어렵게 미일한 삼각동맹의 문을 열었는데, 북한과의 협상에 진전이 있는 것처럼 모양새

가 나오면 3자 동맹의 추진력이 크게 떨어질 수 있습니다. 더구나 핵 포기도 아니고 핵동결을 대가로 평화협정을 체결하는 것은 있을 수 없습니다."

국방장관의 말에도 일리가 없지 않다. 클린턴이 작게 한숨을 내쉬고 말했다.

"그렇다고 아무 것도 안 할 수는 없지 않아요? 한국 정부의 의지도 저리 강한데……. 대북압박은 압박대로 강화하면서 적극적인 대화도 필요하다고 봅니다. 내가 페리 보고서를 다시 읽어보니 거기엔 당근뿐만 아니라 플랜-B로 채찍도 담겨 있더군요. 제2의 페리 프로세스를 추진해보자는 게 한국 대통령의 강한 의지이고 나도 해볼 만한 가치가 있다고 여깁니다. 성과가 있으면 다행이고 그게 아니면 오히려 대북제재와 3자 동맹을 강화할 수 있는 기회가 되지 않겠소. 국무장관의 생각은 어떻습니까?"

"각하 말씀에 동의합니다. 다만 그 때와는 근본적인 차이가 있습니다. 그때는 제네바합의가 유지되고 있었고 북한도 비핵화를 공언하던 때였습니다. 그런데 지금은 노골적으로 핵보유국 지위를 노리고 있어 우리가 제시하는 당근을 받고 핵을 내려놓을지 극히 의문입니다. 실패하면 우리가 안게 될 부담도 만만치 않을 것입니다. 또한 국방장관의 의견처럼 핵동

결 대 평화협정 협상은 신중해질 필요가 있습니다. 핵동결이 비핵화의 사전조치라면 모르겠지만 말입니다."

웬디 샤먼 국무장관이 신중론을 폈다. 클린턴이 고개를 끄덕이며 말했다.

"그건 지난번에 한국 대통령과 만났을 때에도 공감한 부분입니다. 그럼 일단 로우키low-key로 추진해봅시다. 한국과 초안을 마련해보고 그걸 가지고 북한과 탐색적 대화에 나서보는 걸로요. 북한이 응할 기미를 보인다면 본격적으로 추진하는 것으로 하고, 그 때까지는 비공개로 합시다. 그리고 한국 측에서 양국의 대북전략 협의체 구성을 제안하면서 청와대 안보실장을 한국 측 책임자로 지명한다고 알려 왔는데, 우리 쪽에서는 누가 맡는 게 좋을까요? 균형을 맞추려면 안보보좌관이 맡아야 할 것 같은데……."

"그건 곤란합니다. 백악관 안보보좌관은 우리나라 외교안보를 총괄하고 조율하는 자리입니다. 우선순위도 그리 높지 않은 대북정책을 전담케 하는 것은 적절해 보이지 않습니다."

코헨이 즉각 반대하자 클린턴이 수전 킴을 바라보았다.

"안보보좌관 생각은 어떻습니까?"

"글쎄요. 국방장관의 말도 일리가 있습니다만, 대북정책의 우선순위를 높일 필요가 있다고 여겨집니다. 제가 맡게 되면

우리 행정부가 북핵문제 해결에 상당한 비중을 두고 있다는 의지를 과시할 수 있는 효과도 있습니다. 제가 최서희 대통령 취임식 특사로 갔을 때와 얼마 전 정상회담 준비회의에서 강 의지 안보실장과 장시간 대화를 나눈 적도 있습니다. 좋은 파트너십을 구축할 수 있다는 느낌도 받았습니다."

수전 킴의 말에 클린턴이 고개를 끄덕이면서 샤먼을 바라본다.

"당신 생각은 어떻습니까? 얼마 전까지 강력한 대북정책을 주문하지 않았습니까?"

"한국에서 정권이 교체되면서 압박과 제재 위주의 대북정책은 어려워진 것 같습니다. 우리가 강경책을 고수하면 미한관계는 불안해지고 한중관계가 긴밀해질 가능성이 높습니다. 부시 행정부 때처럼 말입니다. 그리고 수전이 맡는 것에도 동의합니다. 저는 이란과의 합의 이행이 불안해지고 있는 만큼, 그 문제에 집중하는 게 좋을 것 같습니다."

"좋습니다. 일단 안보보좌관이 맡는 것으로 하고 백악관 아시아 담당 선임보좌관과 국무부 동아태담당차관보, 국방부 아태담당차관보, 그리고 CIA의 북한분석담당관 등으로 팀을 꾸려보세요. 한국 측에도 이런 입장을 전달해주고 비공식 전략 협의기간을 2개월 정도 해보자고 제안해주세요."

NSC 회의가 끝나고 복도에서 로버트 코헨이 윌리엄 게이츠 CIA 국장의 어깨를 툭 쳤다.

"자네 커피 한잔할 시간 있나?"

두 사람은 하버드대 케네디 스쿨 동기이다.

"왜? 긴요하게 상의할 일이라도"

"자넨 대통령 생각에 동의하나? 이게 성공할 가능성도 별로 없겠지만, 성공하면 정말 골치 아픈 일이 벌어질 수 있거든. 내가 커피 대접할 테니 내 집무실에 들렀다 가게."

코헨이 먼저 말문을 열었다.

"내가 한국 대통령을 본 소감은 만만치 않은 인물이라는 걸세. 이미 전임 정부에서 결정되었던 사드 배치에 제동을 건 것도 그렇고, 얼마 전 서울 기자회견과 워싱턴 정상회담에서 보여준 모습도 그렇고. 특히 그의 참모인 강의지를 주목할 필요가 있네. 아주 강단진 인물이야. 그자들이 운전석에 앉고 우리 대통령이 조수석에 앉으면 차가 어디로 갈지 모르네."

게이츠가 고개를 끄덕였다.

"자네가 전달해준 주한미군사령부와 대사관 외교전문은 나도 읽어보았네. 과거 10년간 한국 정부 인사들과는 차원이 다른 최서희와 강의지에 대한 인물평이 담겨 있더군. 우리가

선수를 제대로 만난 느낌이야."

"그래서 말일세. 선제적 조치를 취하는 게 좋을 거 같은데. 혹시 북한 녀석들이 테러리스트하고 접촉했다는 첩보가 없나?"

"으음, 자네 말이 무슨 말인지는 알겠네. 아직 신뢰할만한 첩보는 없지만 북한인들이 중동 사람들과 접촉하고 있다는 첩보는 종종 들어오네. 일단 정보소식통을 인용해 언론보도가 나가면 나머지는 언론과 돌팔이 전문가들이 알아서 소설을 써줄 테고. 북한이 부인하면 그건 더 강한 긍정으로 사람들은 받아들일 테고. 이럴 땐 말이야. 북한의 폐쇄성이 너무 좋아. 아무 얘기나 막 해도 되잖아. 하하"

"그래도 그럴 듯 해야지. 그리고 빠를수록 좋아. 한국 정부가 본격적으로 움직이기 전에 말이야. 그리고 이번엔 좀 강한 걸로 하자고. 우리 미국인들이 가장 혐오하면서 무서워하는 두 가지를 결합시키는 거야."

"두 가지? 그게 뭔가?"

두 사람의 밀담은 좀 더 이어졌다.

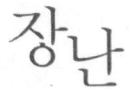

장난

"실장님 이거 보십시오."

청와대 안보실 정보분석관을 맡고 있는 최지민이 《워싱턴 포스트》 인터넷판 기사 원본과 한글 요지를 강의지 책상에 올려놓았다. 강의지는 어제 NSC 회의를 바탕으로 대통령에게 보고할 '제2의 페리 프로세스 추진 전략'이라는 문건을 작성하고 있었다.

'북한 IS와 접촉 시도, 핵 판매 가능성 배제할 수 없어.' 기사 제목을 보고 강의지의 얼굴이 심하게 일그러졌다. 본문에는 "미국 정보기관 소식통에 따르면, 북한 보위부 소속으로 추정되는 요원 2명이 예멘에서 IS 요원들과 접촉한 사실이 확

인되었다"는 내용이 담겨 있었다. 또한 전직 정보기관 관료의 말을 인용해 "우리는 극심한 외화난에 시달리는 북한이 돈이 되는 것이라면 무엇이든 팔려고 한다는 것을 잘 알고 있다" 며, "핵무기도 예외는 아니다"라고 보도했다. 또한 "IS가 최근 더티 밤dirty bomb을 비롯한 핵무기 획득에 큰 관심을 보이고 있다"는 또 다른 정보소식통의 말도 인용했다.

"강 실장께서 보기에는 어떤 거 같아요?"

안보실장의 보고를 받은 최서희가 물었다.

"일단 국정원에 진위 여부를 파악하는데 도움 될 만한 정보를 요구해놓았습니다. 대통령님의 판단을 돕기 위해 조속한 시일 내에 보고서를 올리겠습니다."

"강 실장은 얼마 전 워싱턴 정상회담에서 가장 주목한 인물이 누구였나요?"

강의지가 다소 어리둥절한 표정으로 최서희의 얼굴을 바라보았다.

"난 국방장관의 표정을 유심히 살펴봤어요. 내 얘기가 달갑지 않다는 게 표정에서도 읽히더군요. 그 사람은 미국의 전임 정부 때부터 아시아 재균형 전략과 이를 위한 한미일 삼각동맹 구축을 실질적으로 설계한 사람 아닙니까? 그러니 내 제

안이 껄끄럽게 들렸겠지요?"

"그럼 대통령께선 미국 국방장관이 장난질을……?"

"꼭 그렇다는 뜻은 아니오. 안보리 결의 2270호 이후 북한의 외화수입이 급감했다는 얘기가 있으니, 북한이 핵 판매를 시도하고 있을 가능성을 완전히 배제할 수는 없겠지요. 하지만 진위 여부를 떠나 미국 정보기관이 그런 첩보를 흘리고 전직 관료가 핵 판매 운운한 것을, 그것도 이 시점에 나온 걸 주목해야 합니다."

"저도 석연치 않다는 느낌이 강하게 들었는데 대통령께서도 비슷한 생각을 하고 계셨군요. 그렇다면 우리가 당황한 모습을 보여선 안 됩니다. 이럴 때일수록 차분히 우리가 할 바를 향해 뚜벅뚜벅 가야 할 것입니다."

"그렇지요. 관련 정보와 동향을 면밀히 살피면서 그때그때 보고해주세요."

《워싱턴포스트》보도 직후 국내 상당수 언론은 이를 대서특필하면서 미확인보도를 쏟아냈다. 미국의회에서는 즉각 북한을 테러지원국으로 재지정해야 한다는 목소리도 높아졌다. 하지만 미국 일각에서도 한미정상회담 직후에 이런 보도가 나온 배경에 주목하는 움직임도 있었다. 미국 정부는 보도 내

용 확인 요청에 "정보 사항은 확인해줄 수 없다"는 원론적인
답변만 되풀이하고 있었다.

"그리고 말입니다."
최서희가 보고를 마치고 일어서려는 강의지를 다시 앉혔다.
"강 실장이 북한과 비밀 접촉에 나설 때가 온 것 같습니다.
한미군사훈련이 4월 10일에 끝나는 게 맞습니까?"
"네. 그렇습니다. 이제 일주일 남았습니다."
"그럼 4월 중하순에 접촉을 시도해보세요. 북측 파트너로
는 김정은의 신임을 받고 있으면서도 그에게 직언을 할 수 있
는 인물이 되어야 합니다. 또한 의제 역시 남북관계에 국한된
것이 아니라 핵문제와 평화협정, 그리고 남북정상회담 등 근본
적이고 포괄적인 문제를 다루자고 제안하는 게 좋겠습니다."
"그럼 미국 측과 협의절차는 어떻게 하는 게 좋겠습니까?
제 의견으로는 이틀 정도면 제2의 페리 프로세스 추진 전략
초안을 만들 수 있으니, 이걸 백악관 안보보좌관에게 전달하
면서 우리 정부가 북한과의 접촉에서 나서겠다는 의사도 함
께 전해주면 좋겠다는 생각입니다. 우리가 너무 앞서 나간다
는 느낌을 주면 한미공조에 지장이 생길 수 있습니다."
"좋습니다. 다만 북한과의 접촉은 철저하게 비밀에 붙여야

합니다. 백악관 안보보좌관에게도 이를 신신당부 해주세요."

"네. 알겠습니다. 그럼 이만…… 아참."

일어나려던 강의지가 다시 앉으면서 대통령에게 건의했다.

"한미군사훈련이 끝나면 대북 확성기방송도 중단하는 게 어떻습니까? 남북관계도 남북관계지만, 전방 지역 주민과 장병들이 시끄러워 못 살겠다는 원성이 자자합니다. 환경단체들도 비무장지대DMZ 환경에 부정적인 영향을 주고 있다며 조속한 중단을 촉구하고 있습니다."

"강 실장이 국방장관과 협의해서 처리해주세요. 다만 북한이 호응해야 여러 모로 실효가 있으니 북측과 접촉할 때, 그쪽도 중단해달라고 요구해주세요."

충돌

4월 중순 강의지와 수전 킴이 주도하는 양국의 정책팀이 대
북정책을 집중 협의했다. 그 결과 한미 양국은 핵동결을 비핵
화의 중간단계로 설정하고 평화협정 체결 문제를 북한과 협
상해보기로 결정했다. 최서희는 곧 북한과의 대화에 나설 의
사를 전달했고, 미국은 북미 간의 뉴욕채널을 통해 탐색적 대
화에 나서기로 했다. 이 소식을 들은 로버트 코헨이 수전 킴에
게 독대를 요청했다. 4월 19일 두 사람이 워싱턴 시내 메리어
트 호텔 커피숍에서 만났다.

코헨이 포문을 열었다.
"미국은 세계를 경영하는 나라입니다. 우리 두 사람의 임무

도 그걸 잘하라는 것이고. 북한을 상대하는 것도 그 맥락에서 해야 합니다. 제 전임자는 러시아를 제1의 적이라고 말했고, 저도 거기에 동의합니다. 그 다음이 중국이죠. 북한은 그 다음입니다. 푸틴과 시진핑의 임기는 2022년까지입니다. 젊은 김정은은 언제까지 권좌에 있을지 모르고. 사정이 이렇다면 우리도 넓고도 길게 보고 가야 합니다."

수전 킴이 의아한 표정을 지었다.

"무슨 말씀인지?"

"당신은 제2의 페리 프로세스가 성공할 것이라고 믿습니까? 평화협정을 체결한다고 북한이 핵을 완전히 포기할 것이라고 생각합니까? 그럴 생각이 없으니 핵동결이니 핵군축 회담이니 운운하는 것 아닙니까?"

"우리가 한국과 함께 마련하고 있는 협상안은 핵동결 대 평화협정 체결로 끝나는 것이 아닙니다. 구체적인 방안이야 더 많은 검토가 필요하겠지만, 핵동결은 비핵화의 중간단계입니다. 평화협정의 내용도 이에 따라 잠정적인 성격을 갖게 될 것이고요."

"나 참……. 북한이 자기가 원하는 걸 받았는데 미쳤다고 핵을 포기하겠습니까? 좋습니다. 백번 양보해서 이 프로세스가 성공한다고 칩시다. 그 다음 어떤 일이 벌어질지 생각해보

셨나요? 평화협정이 체결되고 미북관계가 정상화되고 북한이 핵을 포기하고……. 그런 일들이 벌어질 리도 없지만, 그렇게 되면 어떻게 되겠습니까? 북한 놈들은 이제 한반도에 평화가 정착되었으니 주한미군 나가라고 하겠죠. 중국도 그럴 겁니다. 한국에서도 그런 얘기가 나올 수 있고, 트럼프처럼 우리 미국 내에서도 그런 소리 하는 사람들이 늘어나겠죠."

"미한동맹과 주한미군 유지는 한반도 비핵화와 평화체제 이후에도 지속한다는 것이 우리 정부는 물론이고 한국 정부의 입장이기도 합니다. 북한과의 협상과정에서도 이 점은 분명히 할 것이고요."

로버트 코헨 국방장관이 답답하다는 표정을 지었다.

"참 딱하십니다. 그걸 한국 정부가 어떻게 보장할 수 있겠습니까? 북한 놈들이 믿을 놈들인가요? 중국은 어떻고요? 그 자들은 툭하면 '북한의 합리적인 안보 우려를 해소해줘야 한다'며 우리한테 평화협정 체결하라고 떠들어댑니다. 그 의도를 모르시겠어요? 주한미군 철수를 겨냥한 밑돌 깔기라는 것을 말입니다. '소련 몰락이 20세기 최대의 지정학적 사건'이라고 떠들어대는 푸틴의 의도도 분명합니다. 그건 미국과 다시 경쟁해보자는 것이죠. 시진핑도 마찬가지입니다. 이들이 허튼 꿈을 꾸지 못하게 하는 방법이 뭐겠습니까? 우리의 압도

적인 군사력으로 그들의 의도를 좌절시키는 것이겠지요. 그런데 우리의 힘만으로는 부족합니다. 그래서 나토를 확대하고 미일한 삼각동맹을 추진해왔던 것 아닙니까? MD도 마찬가지예요. 안 그래도 이란 핵 합의가 체결되면서 유럽 MD를 추진하는데 어려움을 겪고 있어요. 그런데 한반도에서 평화협정이 체결되면 어떻게 되겠습니까? 아시아 MD도 흔들리게 됩니다. 아니 북한의 대륙간탄도미사일ICBM를 상대하기 위해 만든 본토 방어용 MD도 흔들릴 수 있어요. 이게 당신이 원하는 미래입니까?"

수전 킴이 자세를 바로 했다.

"오늘 작심하고 오셨군요. 좋습니다. 나도 작심하고 말해보지요. 나토 동진의 결과가 무엇인가요? 아시아 재균형 전략의 결과가 무엇인가요? 유럽에서는 러시아를 밀어붙이고 아시아에서는 중국을 압박하니까 두 나라가 손을 잡는 거 아닙니까? 우리의 핵심적인 전략은 유라시아의 두 거대 국가인 러시아와 중국이 결속하는 걸 막는 것이었습니다. 두 나라가 힘을 합치면 우리도 감당하기 힘들어지니까요. 그런데 이게 현실이 되고 있어요. 그리고 아시아에서 미일한 3자 동맹을 추구하니까 러시아와 중국, 북한이 뭉치려고 합니다. 또 북한은 어떻습니까? 미수교국이자 정전상태에 있는 국가가 미국 본토를 겨

냥한 핵미사일을 배치하는 사례는 북한이 유일합니다. 그건 우리 안보에도……."

코헨이 수전 킴의 말을 끊고 들어왔다.

"허허. 꼭 한국의 얼치기좌파 같은 말씀을 늘어놓으시는군요. 중국과 러시아가 그리 쉽게 친구가 될 것 같습니까? 두 나라 역사를 공부해보세요. 그리고 중국·러시아·북한이 뭉친다? 그들의 3자 동맹은 반세기 전에 이미 끊어졌어요. 뭐 경제적으로는 오가고 하겠지만 군사동맹은 될 수 없어요. 중국과 러시아도 유엔안보리의 대북제재에 동의했는데, 북한에 무기를 제공할 수 있겠어요? 아니면 세 나라가 합동 군사훈련을 실시할 수 있겠어요? 그리고 우리의 세계전략 말씀하셨는데 그 핵심이 뭡니까? 해외 주요 지역에 군사기지를 확보하고 우리 군대를 주둔시키는 겁니다. 근데 주한미군 지위가 흔들리면 어떻게 되겠어요. 한국이 중국으로 붙지 못하게 하는 힘은 우리의 안보 우산에 있어요. 그게 거두어지면 한국은 중국으로 넘어갈 겁니다. 미한동맹이 흔들리면 미일동맹도 위태로워지고요. 당신은 이러한 전략적 손실을 감수할 정도로 북한과 협상할 가치가 있다고 여깁니까?"

"동맹은 꼭 과거 경험과 신뢰에 기초하는 게 아닙니다. 중국과 러시아가 우리를 공동의 적으로 여기면 중러동맹도 나올

수 있어요. 그렇게 되면⋯⋯."

코헨이 또 킴의 말을 끊었다.

"그걸 막기 위해 우리가 굽히고 들어가자 이건가요? 그들을 상대할 수 있는 확실한 방법이 우리의 동맹을 늘리고 해외 주둔 미군을 유지해 근거리 투사 능력을 확보하고 핵무기 현대화와 더불어 MD를 구축해 전략적 우위를 확고히 하는 겁니다. 근데 북한과 평화협정을 체결하고 외교관계를 수립하면 모든 게 수포로 돌아갈 수 있다는 걸 왜 모르십니까?"

"아까 말씀드린 것처럼 주한미군 철수는 어떠한 합의에도 포함될 수 없습니다."

"당신은 우리가 중국과 러시아를 적국으로 간주하면 안 된다는 거죠? 근데 한반도문제가 해결된 후에도 주한미군이 주둔하면 그들이 묻지 않겠습니까? 그 미군은 누구를 상대하기 위해 있냐고. MD는 또 어떻습니까? '중국과 러시아 당신들을 겨냥해 있는 겁니다'라고 말할 건가요? 그럼 대놓고 중국과 러시아를 적대국 취급하는 건데 그게 당신이 원하는 건가요? 북한은 우리가 동아시아에서 중국과 러시아와 정면으로 대결하는 걸 완충해주는 역할도 한다는 점을 이해하셔야 합니다. 그리고 한국을 어떻게 믿겠습니까? 박근혜가 사드 배치 수용했는데 후임인 최서희가 뒤집는 거 못 보셨어요?"

"구더기 무서워서 장 못 담글 일 있나요? 미래에 있을 일을 일방적으로 가정하고 당장 시급한 위협을 방치하는 게 현명한 일인가요? 이대로 가다간 북한의 핵무기가 100개가 될 날도 멀지 않았습니다. 우리 땅까지 날아올 미사일도 갖고 있고요."

"그래서 고집을 꺾지 않겠다?"

"이건 내 고집이 아니라 대통령의 지시 사항입니다."

"당신이 잘못 보좌하니 이런 엉터리 정책이……."

수전 킴도 참을 만큼 참았다. 킴이 코헨의 의표를 찔렀다.

"말씀이 심하군요. 당신 생각은 충분히 알았으니 이만 일어나겠습니다. 아참, 말씀이 나온 김에 한 가지만 묻죠. 3주 전 《워싱턴포스트》에 나온 기사에 대해 어떻게 생각하십니까?"

코헨이 순간적으로 당황했다.

"북한 녀석들이 IS와 핵 거래를 시도했다는 보도 말입니까? 충분히 그럴 수 있겠죠. 달러 박스가 고갈되고 있으니, 김정은으로서는 통치자금도 확보해야 할 테고. 설마 그 정보를 내가 유출했다고 의심하는 건가요?"

"나도 들어보지 못한 얘기가 언론에 나가서 좀 당황했다는 뜻입니다. 대통령께도 여쭤보니 《워싱턴포스트》를 보고 알았다고 하시더군요. 장관께서는 사전에 알고 계셨습니까?"

"그런 정황이 있다는 얘기는 듣고 있었지만……."

"장관께서도 아시다시피 그 보도로 인해 우리 정부가 곤란해지고 있습니다. 정확한 증거도 없이 정보기관에서 언론플레이를 한 게 아니냐는 비판이 수그러들지 않고 있으니 말입니다. 대통령께서도 그냥 넘어가지 않겠다고 하십니다. 아마 내사가 있을 겁니다. 아무튼 '제2의 페리 프로세스'에는 대통령의 강한 의지가 실려 있습니다. 장관께서도 협조해주시면 감사하겠습니다."

색깔

한미정상회담 이후 최서희 정부는 비핵화의 중간단계로 핵 동결을 설정하고 이를 평화협정과 조율하는 방안을 구체화하고 있었다. 그런데 국내에서 거센 역풍이 휘몰아치기 시작했다. 이러한 내용이 알려지자 일부 보수언론과 전문가들은 "평화협정 체결은 주한미군 철수와 한미동맹 파기로 이어질 것"이라고 비난했다. 특히 이들은 "북한의 비핵화가 완료되지 않은 상태에서 평화협정을 체결하면 주한미군은 떠나고 한반도는 공산화될 것"이라며 국민들의 공포심을 자극하려고 했다. 또한 "노무현 이후 10년 만에 반미·종북 대통령이 등장했다"는 색깔론 제기도 서슴지 않았다.

이에 자극받은 극우보수단체들은 서울광장에서 대규모 규

탄집회를 연이어 개최했다. 흥분한 일부 시위대가 청와대로 가려 하자 이를 막으려는 경찰들과 격렬한 몸싸움을 벌이기도 했다. 또한 북한에 삐라를 살포하려는 반북단체와 주민들의 생업과 안전에 지장을 줄 수 있다는 정부의 방침에 따라 이를 막으려는 경찰 사이의 실랑이도 전방 지역 곳곳에서 벌어졌다.

"최서희의 의도가 뭔지 모르시겠어요?"

원유선 새누리당 대표가 마이클 윤 주한미국대사를 몰아붙이듯 물었다. 클린턴 행정부가 최서희 정부의 정책을 지지한다는 입장을 밝히자, 새누리당 의원들이 주한미국대사관에 항의 방문을 간 것이다.

"평화협정을 체결하면 그 다음은 전시작전권 전환이고 그 다음은 주한미군 철수입니다. 그렇게 되면 한국을 북한에 갖다 바치는 셈이 되겠죠."

원유선의 말에 최경훈 새누리당 국방위원회 간사가 거들었다.

"맞습니다. 더구나 북한의 핵 포기가 완료되지도 않았는데 평화협정이라니요? 그건 절대로 받아들일 수 없습니다."

'이 자들은 10년 전과 변한 게 하나도 없군.'

마이클 윤이 속으로 혀를 찼다. 한국계 미국인인 마이클 윤은 2005년부터 3년간 미국대사관 정무참사로 있었고, 2016년에 대사로 부임해왔다. 그가 정무참사로 있을 때에도 비슷한 일이 있었다. 노무현 정부와 조지 W. 부시 행정부가 전작권 전환 협의를 하고 있을 때, 새누리당 전신인 한나라당 의원들이 미국대사관에 와서 했던 얘기가 정확히 반복되고 있었기 때문이다. 당시 김형오 대표는 "한국인 대다수는 노무현 정부를 신뢰하지 않는다"며, "전작권 전환에 대한 논의는 한국에 큰 혼란을 야기하고 국민을 분열시킬 것"이라고 말했다. 심지어 황진하 의원은 노무현의 의도가 "전작권 전환을 통해 미국을 배제하고 북한과 평화협정을 체결하려는 데 있다"며, "노무현 정부의 궁극적인 목표는 주한미군 철수에 있다"라고 주장했다.

이처럼 당시 한나라당을 비롯한 보수 진영의 강력한 반대에 막혀 전작권 전환은 표류를 거듭해왔다. 노무현-부시는 2012년 4월에 전작권 전환에 합의했지만, 이명박 정부와 오바마 행정부는 2015년 12월로 늦추기로 했다. 하지만 이마저도 박근혜 정부가 북핵위협을 이유로 수용할 수 없다고 버텨 무기한 연기된 상태였다. 최서희는 대선후보 시절 전작권 전환에 대한

질문을 받고 "한미관계의 건강한 발전과 한반도문제 해결의 주도적인 역할을 위해서는 조속한 전환이 원칙적으로는 맞다"고 말했다. 그는 다만 "그 시점은 북핵 해결이 진전을 이룬 때가 적절하다"고 덧붙였다.

"의원님들의 말씀은 잘 들었습니다. 하지만 그런 말씀은 양국 정부를 모독하는 것입니다. '한국인이 원하는 한 주한미군을 계속 주둔 시키겠다'는 미국 정부의 입장은 확고합니다. 최서희 정부 역시 주한미군과 미한동맹은 양국의 문제이지 제3자가 관여할 문제가 아니라는 입장을 분명히 밝히고 있습니다. 그리고 생각해보십시오. 평화협정이 주한미군 철수로 이어진다면 미국이 이것에 동의하겠습니까? 이건 한국 정부도 마찬가지 입장 아닙니까? 그리고 핵동결은 비핵화로 가는 과정입니다. 북한이 신뢰할 만한 비핵화 공약을 하지 않으면 평화협정 체결은 없습니다."

마이클 윤이 단호한 어조로 말했다.

"그건 미국의 기존 입장과 배치되는 것 아닙니까?"

새누리당 외교통인 윤성현 의원이 반박하고 나섰다.

"'선 비핵화, 후 평화협정'은 한미 양국이 오랫동안 견지해 온 원칙이었습니다. 그런데 핵동결을 대가로 평화협정을 준다

니……."

배석한 조지 웹 정무차관이 말했다.

"우리 정부가 그런 입장을 명확히 밝힌 적은 없습니다. 부시 행정부 때에도 9·19 공동성명에서 '말 대 말' '행동 대 행동'의 동시 원칙에 따라 병행 추진키로 했습니다. 또한 우리 대통령이 국무장관이었을 때에는 북한의 핵 폐기가 준비되어 있다면 평화협정을 비롯한 북한의 우려를 해소할 의사가 있다고 밝힌 바 있습니다. 그리고 간과하지 마셔야 할 것이 있습니다. 평화협정을 체결하고도 북한이 핵 포기를 하지 않으면 평화협정은 얼마든지 무효화할 수 있습니다."

이어 마이클 윤이 덧붙였다.

"그리고 한 가지만 더 말씀드리지요. 전작권 관련해서 말입니다. 최서희 대통령은 지금 당장 가져가겠다는 것이 아니라 북핵 해결 진전 및 안보 환경을 종합적으로 고려해 추진하겠다는 입장입니다. 미국 정부도 오래 전부터 한미관계의 건강한 발전과 주한미군의 안정적인 주둔을 위해 전작권 전환이 필요하다는 입장을 견지해왔습니다. 한국군의 병력 수는 주한미군보다 20배가 많습니다. 군 지휘관의 역량도 세계 최고 수준입니다. 북한보다 30배나 많은 군사비를 쓰고 있고, 해외 파병부대의 지휘권도 행사해왔습니다. 그런데 자국군에 대한

작전권을 행사할 수 없다는 것은 납득하기 힘듭니다. 전작권이 전환되어도 연합방위체제는 흔들리지 않습니다. 오히려 새누리당이 자꾸 이 문제를 정치화하고 한국 국민의 여론을 분열시키는 것 같아 안타까운 마음이 듭니다."

마이클 윤의 말에 새누리당 항의방문단의 말문이 막혔다.

"허허, 미국이 최서희의 꾐에 단단히 넘어갔군. 그런데 여론은 어떤 것 같소?"

면담을 마치고 차량에 오른 원유선이 옆 좌석에 앉은 최경훈에게 물었다.

"《조선》,《동아》야 우리 편인데,《중앙》은 오락가락하는 것 같습니다. 좌빨 언론들이야 물 만난 것처럼 설치고 있고요. 그런데 최서희가 제안한 영수회담은 응할 생각이신지요?"

"못 만날 건 없지. 그것도 여당대표는 빼고 우리하고만 만나겠다는 거잖아요. 거절했다가 여론의 뭇매를 맞을 수 있으니 잘 준비해서 임해보자고."

한편 새누리당 의원들과의 면담을 마치고 마이클 윤은 본국에 외교전문을 보냈다. 그 요지는 이랬다.

지난 총선과 대선에서 분열되었던 새누리당이 6월 지방선거를 앞두고 보수층의 재결집을 겨냥해 평화협정 체결과 주한미군 철수를 연계해서 반대하는 것으로 보인다.

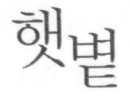

"원유선 대표께 부탁드릴 일이 있습니다. 대표께서 가장 신임하는 사람을 여기 있는 강의지 실장과 함께 대북특사로 보내는 게 어떨까요?"

최서희의 제안에 원유선의 얼굴이 순간 굳어졌다.

영수회담에 앞서 최서희는 대북특사단에 새누리당 인사를 포함시키는 문제에 대해 강의지의 의견을 물었다. 강의지는 대통령의 뜻은 이해하지만 재고를 요청했다. 새누리당과 북한이 수용할지 미지수이고, 새누리당 인사가 북한과의 특사 회담에서 정부 입장과 다른 얘기를 하면 차질이 생길 수 있다는 우려 때문이었다. 하지만 최서희는 새로운 접근의 성공 여부

는 국내정치에 있다며 초당적인 특사 파견은 그 성사 여부와 관계 없이 남남갈등 해소를 위해 필요한 것이라며 고집을 꺾지 않았다.

"놀라실 일이 아닙니다. 제가 취임사 때 비상한 각오로 북핵에 대처하겠다고 했고 초당적 협력과 국민적 합의를 위해 노력하겠다고 약속하지 않았습니까? 저는 이번 대북특사를 통해 핵문제를 비롯한 모든 문제를 논의하기 위해 남북정상회담을 제안하려고 합니다."

'이거 제대로 걸려들었군.'

원유선은 당황한 기색을 감추려고 애썼다.

"제안해주셔서 감사드립니다만, 즉답을 드리기는 어려울 것 같습니다."

"망설이실 필요 없습니다. 과거 두 차례의 정상회담 때는 정상회담이 남남갈등의 소재가 되고 말았습니다. 하지만 이제는 달라져야 합니다. 생각해 보십시오. 내 참모와 대표님이 신임하는 사람이 특사로 가서 김정은을 만나고 정상회담에 합의하고 돌아오면 어떻게 되겠습니까? 온 국민은 대북정책이 남남갈등의 소재에서 국민통합의 시발점이 되었다며 기뻐하지 않겠습니까? 북한과 국제사회에도 우리의 강력한 의지를

보낼 수 있고요. 또 새누리당이 언젠가 집권할 텐데 김정은을 미리 만나보는 것도 나쁘지는 않겠죠."

"글쎄요."

원유선은 찻잔을 응시하면서 마땅히 할 말을 찾지 못했다.

"전혀 생각도 못해보고 또 전례도 없는 일이라서……. 우리 당에서 검토해보고 수일 내로 답변 드리겠습니다."

"우리 외교사에 전례는 없지만 다른 나라에서는 종종 찾을 수 있습니다. 공화당 인사인 헨리 키신저만 봐도 그렇지 않습니까? 닉슨 행정부 때에는 백악관 안보보좌관으로, 민주당 정권 때에는 공화당 인사이면서도 미중관계의 가교 역할을 톡톡히 하지 않았습니까? 우리도 초당 외교의 멋진 전례를 남길 수 있기를 희망합니다."

사흘 후 새누리당은 대북특사단에 새누리당 인사를 포함시키는 것을 거부하겠다는 뜻을 청와대에 전달했다. 오히려 대변인을 통해 평화협정을 논의하게 될 남북정상회담에 반대하며 특히 6월 지방선거를 앞둔 선거용이라고 맹공격을 퍼부었다.

"예상은 했지만 너무들 하는구먼."

최서희가 새누리당 대변인의 성명을 보면서 탄식하듯 혼잣말을 내뱉었다.

"미국과 북한을 상대하기도 힘든데 야당하고 언론이 저렇게 난리치면 될 일도 안 될 거 아니야."

"대통령님 햇볕정책은 저들에게 필요합니다. 이럴 때일수록 저들을 따뜻하게 대해주면 저 사람들도 달라질 겁니다. 이게 대통령님의 뜻이기도 하지 않습니까?"

김성준 비서실장이 말했다.

"전경련 회장단이 도착했다고 하니 만찬장으로 이동해야 할 것 같습니다."

"여기 계신 회장단 여러분이 그 누구보다도 우리 경제에 대해 걱정이 크실 줄 압니다. 우리 정부가 적극적으로 추진하고 있는 남북관계 개선과 한반도 비핵화 및 평화체제 구축 노력에도 경제를 살려야 한다는 국민적인 여망이 담겨 있습니다. 북한이라는 블루오션과 유라시아 대륙과의 경제 네트워크 구축은 우리 경제의 유일한 희망이라고 해도 과언이 아닙니다. 우리 정부의 대북정책에 이견이 많으실 줄 압니다만, 경제와 평화의 동반성장이라는 대한민국의 미래를 위한 것이니 여러분의 많은 이해와 협조를 부탁드립니다."

인사말을 마친 최서희는 만찬 자리에 앉으면서 "자유롭게 말씀해 달라"고 당부했다. 경제 회생 전략에 대해 다양한 의견이 오간 다음 최서희가 전경련 이재웅 회장을 바라보았다.

"회장님, 전경련이 3년 전에 발표한 남북 화합을 위한 5대 원칙은 어떻게 되어가고 있습니까? 나 역시 충분히 공감한 내용이어서 관심이 많습니다."

전경련은 2015년 5월 '남북 화합을 위한 5대 원칙'을 발표한 바 있다. 5대 원칙은 △남북 당국 간 대화 진전과 남북경협의 조화 △남북 모두에게 도움이 되는 경제교류 △북한 경제개발은 북한이 주도 △남북한 산업의 장점이 결합된 산업구조 구축 △동북아 경제권 형성을 위해 주변국의 참여와 지지 확보 등이었다. 보수적인 전경련의 이러한 입장 발표는 당시 상당한 화제를 모으기도 했다.

"사실 전면 중단 상태입니다."

이재웅 회장이 답했다.

"대기업별로 남북경협 연구팀이 있었지만, 대부분 해체된 상태입니다. 대통령께서도 잘 아시다시피 2016년 위기와 개성공단 폐쇄를 거치면서 남북경협은 불가능해졌다는 판단 때문

입니다. 다만 대통령께서 남북경협에 대한 강한 의지를 밝히고 계셔서 전경련에서도 다시 논의를 시작해야 한다는 흐름은 있습니다."

최서희가 미소를 지어보였다.

"반가운 말씀이군요. 우리 경제가 어려워진 데에는 여러 가지 이유가 있지만, 지정학적 리스크는 크게 부각되고 지경학적 기회를 유실했기 때문이라는 게 우리 정부 생각입니다. 진보와 보수를 떠나 많은 분들도 여기에 동의하고 있습니다. 지정학의 감옥에서 탈출해야 희망이 생깁니다. 회장단 여러분께서도 사드 논란 때문에 애 많이 태우셨을 겁니다. 그래서 우리 정부는 북핵과 사드의 악순환 고리를 끊으려고 합니다. 이 두 가지의 동반성장을 저지하고 경제와 평화의 동반성장을 이루려고 합니다. 이를 위해서는 회장단 여러분의 지지와 협력이 절대적으로 필요합니다."

그러나 이재웅의 표정은 썩 밝지 않았다.

"대통령님의 뜻은 잘 알겠지만, 기업 입장에서는 대북투자와 남북경협의 리스크를 고려하지 않을 수 없습니다. 남북경협이 하이 리턴high return인 건 분명하지만, 문제는 리스크가 더 크다는 데에 있습니다. 개성공단 폐쇄 사례도 있고요."

"그러한 우려는 충분히 고려하고 있습니다. 그래서 우리 정

부의 초기 대북전략 기조는 선경후정先經後政이 아니라 선정후경입니다. 먼저 정치군사적인 우려를 상당 부분 풀어내고 그래서 남북경협과 대북투자에 안정적인 환경을 만든 다음에 본격적인 대북사업에 나서자는 것입니다. 그 다음부턴 방금 말씀드린 경제와 평화의 동반성장 기조로 가자는 것입니다."

최서희가 회장단 한 사람, 한 사람의 눈을 보면서 힘주어 말했다.

"여러분의 지지와 협력이 필요한 이유도 바로 여기에 있습니다. 평화정착을 향한 우리 정부의 노력이 결실을 맺어야 비로소 새로운 성장 동력도 창출할 수 있습니다."

"김 실장이 보기엔 회장단의 반응이 어땠습니까?"

전경련 회장단과의 만찬을 마치고 집무실로 향하는 복도에서 최서희가 김성준에게 물었다.

"나쁘지는 않은 것 같습니다. 재벌들도 남북경협과 유라시아 대륙으로의 진출 확대 이외에는 마땅한 대안이 없다는 것을 알고 있는 것 같습니다. 동시에 남북경협의 부침이 심했고 현재는 핵문제로 꽉 막혀 있으니 조심스러워 하는 눈치입니다. 또한 이념적으로 워낙 보수적이었던 지라 우리 정부의 대북정책에 반감도 없지는 않은 것 같습니다."

최서희가 고개를 끄덕였다.

"그럴 만도 하겠지요. 그래서 상반기 내에 남북정상회담을 성사시켜 돌파구를 열어야 합니다. 그건 그렇고 내일 언론사 사주들과의 간담회에는 모두들 나온다고 합니까?"

"네, 초청한 인사들은 모두 온다고 합니다."

"좋습니다. 참석자들에게 발언권을 보장할 테니 하고 싶은 얘기 충분히 해달라고 전달해주십시오. 자유토론으로 가자고 말입니다."

"네, 아마 대통령님께서도 단단히 준비하셔야 할 겁니다. 배석을 청했던 강의지 실장의 요청도 뿌리치셨으니 그야말로 일당백의 자세로 임하셔야 할 겁니다. 참석자들의 예상 발언은 제가 강 실장과 잘 준비해서 오늘 중으로 보고하겠습니다. 보수언론 가운데에는 《중앙일보》의 홍석현 회장이 대통령님과 비슷한 생각을 갖고 있어서 아마 큰 힘이 될 것 같습니다. 그나저나 너무 강행군하시는 거 아닌지 걱정입니다."

최서희가 웃으며 답했다.

"하하, 강 실장한테는 내일 오전에 따로 과외를 받을 테니 걱정하지 마세요. 그리고 언론사 사주 입장에서도 나와 직접 얘기를 나눠야 자신들이 존중받는다는 느낌을 갖게 되지 않겠어요. 이게 김 실장이 말한 햇볕정책입니다. 하하하. 어쨌든

야당대표, 전경련 회장단에 이어 언론사 사주를 만나면 내부 정지작업은 일단락되겠지요. 사실 김대중·노무현 정부 때에는 내치가 외치의 발목을 잡지 않았습니까? 그게 많이 아쉬웠는데, 우리가 그걸 반면교사로 삼아야지요."

신의

　한편 남북정상회담 반대 방침을 정한 새누리당은 마크 트와인 전 미국 국방장관을 초청해 국회에서 강연회를 갖기로 했다. 트와인은 퇴임 후 워싱턴에서 컨설팅 회사를 운영하면서 록히드마틴을 비롯한 거대 군수업체의 로비스트로 활약하고 있다. 그는 미국뿐만 아니라 한국 군부 및 정치권과도 폭넓은 인맥을 쌓고 있었다. 그의 로비 덕분에 2013년 한국의 차세대 전투기 도입사업에서 탈락 위기에 몰렸던 F-35가 극적으로 부활하기도 했다.

　트와인은 한국을 방문하기에 앞서 워싱턴에서 가진 기자간담회에서 최서희와 클린턴이 추구하는 대북정책이 대단히 위험하다고 주장했다. "북핵 폐기가 완료되지 않은 상태에서 평

화협정을 체결하면 북한의 완전한 핵 포기는 더욱 불투명해지는 반면에 주한미군의 지위는 불안해질 것"이라고 주장했다. 또한 북핵 해결에 획기적인 진전이 없고 한국군 독자적으로 북핵을 억제할 능력이 충분히 구비되지 않은 상황에서 전시작전권을 전환하면 "북한에게 잘못된 신호를 보낼 우려가 크다"고 했다. 이러한 트와인의 주장은 국내언론에 대서특필되면서 최서희 정부를 더욱 곤혹스럽게 했다.

"원 대표님의 생각이 짧았습니다."

강연을 마치고 새누리당 대표실에서 트와인이 원유선에게 말했다.

"새누리당이 대북특사단에 참여하면 남북정상회담 자체를 무산시킬 수 있을 겁니다. 김정은을 만나서 너희들이 핵을 완전히 포기하기 전에는 평화협정은 꿈도 꾸지 말라, 새누리당은 결사반대다, 이렇게 얘기해주면 정상회담은 성사되지 못할 겁니다."

"우리 당에서도 그걸 생각해보지 않은 것은 아닙니다. 하지만 정부의 대북특사 일원에 포함되면 정부의 방침과 다른 얘기를 하지 못할 것이고, 정부의 대북정책에 우리도 동의한 것처럼 비춰질 것 같아 거부한 것입니다."

원유선이 궁색하게 말했다.

"새누리당이 언제 정부 입장을 그리 충실히 따랐나요? 또 조건부 수용 입장도 밝힐 수 있었겠지요. 대북특사단에 새누리당 인사를 포함시키겠다, 다만 우리의 발언권을 보장해 달라는 식으로 말입니다. 그럼 최서희 정부도 곤혹스러워졌겠죠. 먼저 제안했는데 거부하기도 힘들고, 그렇다고 발언권을 보장해주자니 특사회담이 결렬될 걱정도 들 테고 말입니다."

"아 거기까진 미처 생각하지 못했군요."

원유선이 무릎을 치면서 말했다.

"혹시 지금이라도 청와대에 이런 입장을 전달해보는 건 어떻습니까?"

"으음, 알겠습니다. 한번 해보지요."

트와인 일행과의 면담을 마친 원유선은 곧바로 김성준 대통령 비서실장에게 전화를 걸었다.

"우리 당에서 다시 검토해본 결과 대북특사단에 중진 의원을 포함시키기로 했습니다."

"갑자기 입장이 바뀐 이유가 무엇인가요?"

당황한 김성준이 물었다.

"초당적인 협력을 원하는 정부 입장도 존중하고, 또 우리

입장을 북한 지도부에 전달하는 것도 의미 있는 일이라 여겨졌기 때문입니다."

원유선의 말에 김성준의 머리도 빠르게 회전했다.

'으음, 새누리당이 누군가한테 팁을 얻은 모양이군. 트와인을 만나고 이런 전화를 해오는 의도가 수상해.'

김성준이 대답했다.

"전화로 말씀드리는 것보다 만나 뵙고 말씀 나누는 게 좋을 것 같습니다. 곧 찾아뵙겠습니다."

두 시간 후 김성준은 새누리당 대표실을 찾아갔다.

"원 대표께서 호의적인 입장을 보여주신 점에 대해 감사드립니다. 이건 당분간 보안을 유지해주셔야 하는데요. 우리의 특사 파견 제의에 대해 북측에서는 제3국에서 비공개로 만나자는 연락을 해왔습니다. 그래서 조만간 남북 비밀 접촉이 이뤄질 예정입니다. 이로 인해 이번에 새누리당 인사가 함께 가기는 어렵게 되었습니다."

"아니 벌써 그렇게 진척되었습니까?"

"안 그래도 대통령께서 원 대표께 이러한 내용을 전달해드리라고 지시해놓은 상태였습니다. 그런데 대표께서 먼저 전화를 주셔서 말씀드리는 것입니다. 꼭 비밀을 지켜주셔야 합니다. 남북 접촉 이후에는 강의지 실장이 직접 말씀드릴 겁니다."

"최서희 대통령은 대북정책의 투명성을 약속했습니다. 그런데 비밀 접촉이라니요? 이거 완전히 뒤통수 맞은 느낌입니다."

"최대한 투명하게 진행하는 것입니다. 생각해보십시오. 역대 어느 정권이 남북 비밀 접촉을 추진하면서 야당대표에게 사전에 알려드린 적이 있습니까? 대통령께서 이런 지시를 내린 데에는 원 대표님께서 신의를 지키리라 믿고 있기 때문입니다. 다소 섭섭한 점이 있더라도 혜량해주시기 바랍니다."

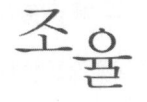

조율

  4월 초순을 지나면서 한반도 정세는 새로운 국면에 접어들었다. 우선 한미군사훈련이 종료되면서 군사적 긴장이 줄어들었다. 4월 15일 태양절을 전후해 북한이 핵실험이나 장거리 로켓 발사와 같은 '전략적 도발'에 나설 것이라는 일각의 우려도 기우로 지나갔다. 새누리당에서는 소장파와 수도권 의원들을 중심으로 '반대를 위한 반대는 안 된다'는 목소리도 나오기 시작했다. 남북정상회담을 반대한다는 지도부에 반기를 든 셈이다. 전경련은 진통 끝에 "경제위기 해소를 위해서는 남북관계 정상화가 필요하다"며 "남북정상회담을 지지한다"는 성명을 발표했다.

  한미 간의 초기 협의와 국내 분위기 조성에 일정 정도 성과

를 거둔 최서희 정부는 북한과의 비밀 접촉에 나섰다. 그리고 4월 22일에 강의지는 중국 베이징에서 황병서 일행을 만나 조속한 남북정상회담 개최에 원칙적인 합의를 이뤄냈다. 다만 북측은 핵동결 대 평화협정 체결 방안에 대해 미국도 동의해야 한다는 조건을 달았다. 반면 강의지는 핵동결은 비핵화로 가는 과정이어야 한다는 점을 거듭 강조했다. 대북 접촉을 마친 강의지는 중국 고위관료들을 만나 남북정상회담에 관한 원칙적인 합의 소식을 전하면서 한중공조가 어느 때보다 중요하다는 점에 의견을 모았다. 중국 측은 남북정상회담에 힘을 실어주기 위해 북중 정상회담도 추진하겠다는 입장을 전해왔다.

한편 북한과 IS 사이의 핵 밀거래설도 시간이 지나면서 잠잠해졌다. 미국 정부의 내사 결과 신뢰할 만한 정보가 아니라는 결론이 나왔던 것이다. 또한《워싱턴포스트》의 보도는 국방부 산하 국방정보국DIA 및 CIA 일부 정보요원이 유출한 첩보에 기반을 둔 것이라는 내사 결과도 나왔다. 백악관 일각에서는 국방장관과 CIA 국장에게 책임을 물어야 한다는 요구가 나왔지만, 대통령은 문책하지 않기로 했다. 대신 대통령은 이들에게 주의를 주는 한편, 대북협상의 결과가 나오기 전까지

자중해달라고 요구했다.

4월 24일, 강의지는 워싱턴행 비행기에 몸을 실었다. 눈을 붙여보고자 와인을 몇 잔 마셨지만, 소용이 없었다. 잠을 청하기에는 그의 머릿속이 너무나도 복잡했다. 미국 동부시간으로 24일 오전 9시, 덜레스공항에 내리자마자 그는 바로 백악관 안보보좌관실로 향했다. 북한 및 중국 측과의 회동 결과를 반영한 '제2의 페리 프로세스' 최종안에 합의를 봐야했고, 그 합의는 곧 남북정상회담의 성사 여부를 가늠할 시험대였다. 수전 킴이 그를 반갑게 맞았다.

"미리 보내주신 보고서는 잘 봤습니다. 대통령께도 보고는 드렸습니다. 우리 역시 비핵화를 전제로 한 북핵동결과 평화협정 체결에는 동의하고 있습니다. 다만 몇 가지 짚고 넘어갈 문제가 있습니다. 우선 북한이 비핵화에 동의했는지 궁금합니다. 그게 없다면 수용하기 힘듭니다."

수전 킴의 말을 들으면서 강의지는 며칠 전 만난 황병서의 말이 떠올랐다.

"우리는 헌법과 조선노동당 규약에 핵보유국을 명시했습니다. 우리 북측에서는 누구도 비핵화를 입에 올릴 수 없어요. 그

건 반공화국, 반당 행위가 되기 때문입니다."

'누구도'라는 말에 강의지는 유일한 예외를 떠올렸었다.
김 정 은.

"북한으로부터 명확한 답변을 듣지는 못했습니다. 결국 최
고 지도자의 결단이 필요한데, 아직은 시기상조라는 말만 되
풀이했습니다. 그래서 우리 정부 판단으로는 남북정상회담을
통해 김정은을 설득하고, 미국 정부 역시 북한과의 정상회담
에 적극적이어야 한다는 것입니다. 결국 김정은의 마음을 돌
릴 수 있는 사람들은 한국과 미국 대통령밖에 없다는 취지입
니다. 중국 정부 역시 북한과의 정상회담을 추진키로 했습니
다. 한미중 3자 정상이 나서면 김정은으로부터 비핵화 약속
을 받아낼 수 있을 겁니다."

강의지의 말에 수전 킴이 난감한 표정을 지었다.

"하지만 사전에 비핵화에 대한 동의가 없는 상태에서 우리
대통령이 김정은을 만나는 건 어렵습니다. 나나 국무장관의
방북은 가능하겠지만 말입니다."

"나 역시 지금 당장 미북 정상회담을 요구하는 것은 아닙니
다. 우리 대통령이 김정은을 만나 비핵화에 대한 의사타진을
해보겠습니다. 그런데 이와 관련해 귀국이 동의해주셔야 할

것이 있습니다. 동시 행동 차원에서 핵동결과 NPT 재가입, 그리고 평화협정을 체결하는 방안에 우선 동의해주십시오. 그걸 바탕으로 궁극적인 비핵화 방안을 집중적으로 모색했으면 합니다."

"보고서에 나와 있는 것처럼 핵동결은 중간단계입니다. 비핵화의 전망이 흐릿한 상태에서 평화협정 체결은 어렵습니다."

수전 킴이 자르듯 말하자 강의지도 고개를 끄덕였다.

"우리 정부 역시 최종적인 목표는 비핵화입니다. 그래서 핵동결과 함께 북한의 NPT 재가입을 동시 행동 절차에 넣자는 것입니다. 과거 우크라이나와 벨라루스, 카자흐스탄도 핵무기 폐기를 완료하지 않은 상태에서 NPT에 가입하고 나중에 핵폐기를 완료했던 사례도 있습니다."

잠시 침묵이 흐른 후 수전 킴이 말했다.

"한국 정부가 이니셔티브를 쥐고 문제 해결에 적극 나서려는 점에 대해 우리 정부도 지지와 협력을 약속하겠습니다. 그런데 짚고 넘어가야 할 문제들이 많이 있습니다. 먼저 북핵동결은 시급한 과제인 반면에 평화협정 협상에는 상당한 시간이 걸릴 겁니다. 이 문제는 어떻게 생각하십니까?"

"우선 시급한 것은 북한 핵능력의 양적 증강과 질적 향상을 차단하는 것입니다. 영변 핵시설 가동을 중단하고 핵실험 및

탄도미사일 기술을 이용한 모든 발사 중단 약속을 받아내야 할 것입니다. 물론 여기에는 위성발사도 포함됩니다. 그리고 평화협정에 모든 것을 한꺼번에 담아내기는 어려울 것입니다. 그래서 먼저 기본협정을 체결하고 세부적인 문제는 추후에 부속합의서에 담는 방안을 강구해볼 수 있지 않을까 합니다. 이렇게 하면 협상을 가속화할 수 있을 겁니다."

수전 킴이 고개를 끄덕이면서 의견을 보탰다.

"영변 핵시설 가동을 중단시켜도 제2의 핵시설이 있을 가능성을 배제할 수 없습니다. 우라늄 농축시설은 지하에 얼마든지 만들 수 있으니까요. 또한 핵무기 고도화를 위한 연구활동, 핵무기 및 탄도미사일 제조공장 등도 동결 대상에 포함되어야 합니다."

"최대치를 가지고 북한과 협상해야 한다는 점에는 전적으로 동의합니다. 하지만 현실적으로 100% 만족할 만한 결과를 얻을 수 없을 것이라는 점도 염두에 두어야 할 것 같습니다. 북한이 비밀 농축시설을 보유하고 있는 걸 검증하려면 북한 전역을 샅샅이 뒤져야 하는데, 아시다시피 북한이 이에 동의할 가능성은 거의 없습니다. 이에 따라 검증도 단계적으로 추진하는 게 현실적일 겁니다. 다만 말씀하신 것처럼 핵무기 제조시설도 동결 대상에 포함되어야 한다는 점은 우리 정부도

동의합니다."

"그리고 평화협정에 비핵화도 넣자고 말씀하셨는데, 어떤 내용이 들어가야 한다고 보십니까?"

"북핵 폐기 시한과 방식을 넣자는 것입니다. 구체적인 내용은 추후 검토가 필요할 것이라고 여겨지고요."

"제 예상으로는 북한이 이걸 받을 가능성도 높지 않고, 또 받는다면 미국의 핵우산 철수도 평화협정에 명시해야 한다고 요구할 것 같은데요."

강의지가 수전 킴의 우려를 충분히 생각하고 있다는 듯 거침없이 대답했다.

"북한이 이 정도의 내용에도 동의하지 않는다면, 평화협정 체결은 어렵겠지요. 그리고 핵우산 철수는 북핵 폐기 완료 이전에는 불가능하다는 점도 분명히 해둘 필요가 있겠지요. 미국 내 일각에서는 평화협정을 체결하면 북한은 얻을 것을 얻었으니 비핵화는 절대로 하지 않을 것이라는 우려가 나오고 있는 것으로 알고 있습니다. 하지만 이건 우리한테 훨씬 유리한 게임입니다. 핵동결은 물리적인 조치이기 때문에 되돌리는 데에 비용과 시간이 많이 듭니다. 핵동결은 시설을 그냥 멈추는 것으로는 부족합니다. 최소한 불능화는 받아내야 합니다. 반면 북한이 약속을 지키지 않으면 우리는 얼마든지 평화협

정 무효화를 선언할 수 있습니다. 평화협정을 체결하면서 이 내용도 넣자는 것이 우리 정부의 생각입니다. 이렇게 되면 일종의 조건부, 잠정적 평화협정이 되겠지요."

"좋은 생각입니다. 그런데 또 상의하고 싶은 문제가 있습니다. 펜타곤에선 평화협정 체결 이후 주한미군의 지위가 불안해질 걸 우려하고 있습니다. 아마 이건 한국 내에서도 마찬가지가 아닐까 합니다."

"그건 걱정하실 필요가 없습니다. 주한미군을 비롯한 한미동맹은 제3자가 관여할 문제가 아니라는 우리 정부의 입장은 확고합니다. 이 점은 내가 얼마 전에 북한 측 인사들을 만났을 때에도 확실히 못 박아 두었습니다."

"지금 당장이야 걱정은 안 됩니다만, 장기적으로는 문제가 될 수도 있습니다. 가령 핵동결을 넘어 비핵화 문제를 협의할 때, 북한과 중국이 주한미군 철수를 요구할 수도 있습니다. 미래 한국 정부와 여론이 어떻게 움직일지도 장담할 수 없는 문제이고, 우리나라 내에서도 철수 주장이 나올 수 있습니다."

"주한미군의 장래 지위에 대해서는 다양한 의견이 나올 수 있다는 점은 인정합니다. 한반도 평화협정이 체결되고 비핵화가 달성되면 통일 논의도 본격화될 수 있을 테니까요. 이건 결국 미래 한반도와 동북아의 안보 질서를 어떻게 설계하느냐

에 달려 있는 것 같습니다. 이 점에 대해서는 과거에도 양국 정부에서 여러 차례 검토와 협의가 있었던 것으로 압니다. 존 케리 전 국무장관도 일전에 한반도 비핵화가 달성되고 평화가 정착되면 주한미군의 감축도 가능할 것이라고 밝힌 바 있습니다. 주둔이냐, 철수냐는 이분법을 넘어서면 다양한 대안을 검토할 수 있을 것입니다. 필요하다면 주한미군과 한미동맹의 미래 틀에 대한 협의를 할 수도 있습니다. 다만 지금 시점에서 중요한 건 북핵의 고도화를 차단하고 한반도에 안정적인 평화 질서를 구축하는 것입니다."

강의지의 설명을 듣던 수전 킴이 잠시 생각에 잠겼다가 말했다.

"강 실장께선 방금 전에 북핵 폐기 완료시 핵우산 철수도 고려해야 한다는 취지의 말씀을 하셨습니다. 그런데 핵우산 없는 주한미군은 상상하기 어렵습니다. 주한미군의 안정적인 주둔을 위해서는 강력한 억제력이 필요하고 핵우산 공약도 이러한 맥락에서 유지되어온 것입니다."

"일단 긴밀한 협의를 요하는 문제라고 봅니다. 내 개인적인 생각을 말씀드리면, 북핵 폐기 이후 한국과 주한미군에 핵공격을 가할 나라는 현실적으로 없다고 봅니다."

"말씀의 취지는 이해합니다. 하지만 우리의 확장 억제는 북

한이 핵무기가 없었던 과거부터 존재해온 정책입니다. 이에 따라 북한이 핵을 포기했다고 해서 자동적으로 핵우산 철수로 이어지는 것은 아닙니다."

"아시다시피 핵우산은 1차적으로는 한국전쟁의 산물입니다. 하지만 오늘날 북한이 중국과 러시아의 지원을 받아 전쟁을 일으킬 것이라고는 상상하기 어렵습니다. 재래식 군사 능력으로는 한미연합군이 북한을 압도하고 있고요."

"북핵 폐기 시 핵우산 철수는 한국 정부의 공식 입장입니까?"

"아직 우리 정부에서 검토한 바는 없습니다. 양국 간 긴밀한 협의가 필요한 문제라고 봅니다. 다만 우리가 핵우산 철수도 협상 테이블에 올려놓을 수 있을 때, 북한의 핵 포기를 유도할 수 있는 강력한 지렛대를 확보할 수 있을 겁니다. 또한 핵무기 없는 세계는 미국을 포함한 인류사회의 오랜 염원입니다. 그 길로 가려면 핵무기에 안보를 의존해온 관성에서 조금씩 벗어나야 한다고 봅니다. 물론 이건 제 개인 의견입니다."

"알겠습니다. 앞으로도 계속 협의키로 하지요. 우리 대통령께서 강 실장님을 만나고 싶어 하시니 자리를 옮기시지요.

강의지를 만난 힐러리 클린턴은 7월 중으로 한국 답방을 하

겠다고 약속했다. 누적된 피로와 긴장이 다소간 풀린 탓인지 강의지는 백악관을 나오면서 피곤한 기색이 역력했다.

"실장님, 괜찮으십니까?"

수행원인 최지민이 강의지를 부축하면서 말했다.

"고마워요. 괜찮으니 걱정하지 마세요. 그런데 역시 주한미 군 문제가 또 다른 암초가 되겠군요. 북한도 북한이지만, 중국 이 어떻게 나올지 장담하기 힘든 문제이니…… . 지민씨가 보 기에는 어떤가요?"

"실장님께서 아시다시피 중국은 주한미군과 한미동맹에 대 한 경계심을 높여왔습니다. 노무현 정부 때의 전략적 유연성과 주한미군 재배치 합의, 이명박 정부 때 한미 전략동맹 선언, 박근혜 정부의 한미일 삼각동맹 및 사드 배치 움직임 등이 이 어져오면서 결국 한미동맹이 중국을 겨냥할 것이라는 의구심 을 키워왔습니다. 그래서 중국 역시 한반도 평화체제 구축 이 후 주한미군의 지위와 역할에 대해 상당한 관심을 갖고 있습 니다."

강의지 얼굴에 수심이 깊어지자 최지민이 웃으며 말을 이 었다.

"실장님, 너무 걱정하실 필요 없습니다. 중국이 당장 미군 철수를 요구할 것도 아니고, 앞으로도 쉽게 그러지는 못할 겁

니다. 결국 중요한 건 한반도 평화체제 구축 이후에 주한미군이 중국을 겨냥하지 않고 동북아 지역의 안정자 역할을 할 것이라는 점을 납득시키려고 노력하면 될 것 같습니다."

"그래요. 미래의 일을 앞당겨 고민하다가 현재의 일을 망칠 수는 없죠. 지민씨도 많이 피곤하죠. 일단 푹 쉽시다. 오후에는 전략국제문제연구소CSIS에서 내 연설이 잡혀 있죠? 워싱턴의 선수들은 다 모일 테니 그 연설도 잘 준비합시다."

역지사지

"잠깐 여기서 내리지요."

최서희가 군사분계선 남측 구역에 다다르자 수행 비서에게 말했다. 남북한은 추가적인 실무 협의를 거쳐 6월에 평양에서 남북정상회담을 열기로 합의했었다.

"고 노무현 대통령도 여기를 걸어서 넘어 평양으로 가셨죠. 벌써 11년 전이군요."

도보로 군사분계선을 넘고 다시 차에 오른 최서희는 착잡한 심정으로 차창 너머 개성공단을 바라보았다. 개성공단은 재작년 2월 폐쇄 이후 두 차례의 장마를 겪으면서 더욱 황폐해졌다.

"강 실장의 생각은 어떻습니까? 내가 육로로 군사분계선을

넘어 개성을 지나 평양에 가겠다는 제안을 북측이 수용한 의도가 뭐라고 봅니까?"

"아마 북한도 이 공단을 다시 살리고 싶어 한다는 뜻이 아닐까 합니다. 아직 군부대를 재배치하지 않은 것도 그렇고, 대통령님의 육로 방북을 수용한 것도 그렇고요. 하지만 재가동은 쉽지 않을 겁니다. 북한은 이미 개성공단 설비를 청산한 상태입니다. 124개 입주 기업 가운데 상당수가 이미 부도난 상태이고, 언제 또 언제 폐쇄될지 모르는 상황에서 다시 입주하려는 기업이 있을지도 의문입니다."

옆자리에 앉은 강의지 대답에 최서희가 고개를 끄덕였다.

"그렇겠죠. 하지만 이건 다시 살려야 합니다. 단순한 명분이 아니라 우리 경제가 북한을 거쳐 유라시아 대륙으로 뻗어나가기 위해서는 개성공단 재가동이 시발점이 되어야하겠죠. 그래서 이번 정상회담이 중요합니다. 우리가 잘 준비했으니 한 번 해봅시다."

백화원 초대소. 최서희 양측에는 강의지와 김의철 통일부장관이 배석했고, 김정은 좌측에는 황병서만 배석했다. 서로 인사말을 건넨 다음, 김정은은 먼저 최서희에게 사의를 표했다. 2주 전에 베이징에서 김정은 집권 이후 첫 북중 정상회담

이 열렸는데, 시진핑으로부터 남측 정부의 권유에 힘입은 바가 크다는 얘기를 들었기 때문이다.

김정은 그러고 보니 최 대통령께서 나를 국제무대에 선보여준 셈입니다. 시 주석이 조선반도 정세가 호전되면 평양 답방을 하겠다는 얘기도 하더군요. 이거 남측과 중국의 공조가 척척 이뤄지는 것 같습니다. 하하하.

최서희 예전에 6자회담에서 성과가 나왔을 때에도 한중공조에 힘입은 바가 큽니다. 김 위원장께서 불편하게 생각하실 하등의 이유도 없습니다. 그리고 미국과의 공조도 잘되고 있으니 얼마나 좋은 기회입니까?

김정은 대통령께서 하도 고집하셔서 말씀을 듣겠습니다만, 핵문제는 우리와 미국 사이의 문제입니다. 미국이 적대시정책을 고수하고 북남 간에 군사비지출이 30배 차이가 나는데 우리가 핵무장 이외에 대안이 무엇이겠습니까? 내가 시 주석한테도 이 점은 분명히 말했습니다.

최서희 내 고집을 받아주셔서 감사합니다. 하하하. 일찍이 김일성 주석께서는 "우리는 핵무기를 만들 능력도 의지도 없다"고 여러 차례 말씀하셨습니다. 한반도 비핵화는 김일성 주석과 김정일 위원장의 유훈이기도 합니다. 미국이 우리 남측 영

토에 핵무기를 대거 배치하고 있을 때에도 북측은 핵무기를 만들지 않았어요. 그런데 미국이 전술핵을 다 철수한 다음에 북측은 미국의 핵위협을 거론하면서 핵무장을 선택했어요. 미국 핵위협이 줄어들었는데 미국을 이유로 핵무장이 불가피하다는 북측 주장에는 동의하기 힘듭니다. 북측이 원한다면, 상호 핵사찰을 통해 남측 영토에 미국 핵무기가 없다는 것도 보여줄 수도 있습니다.

김정은 남측에 미국 핵무기가 있고 없고가 중요한 게 아니에요. 미국은 툭하면 전략폭격기와 핵잠수함을 동원해 우리를 겨냥한 핵공격 훈련을 하고 있지 않습니까? 이걸 방관하는 남측 태도에도 대단히 섭섭한 마음입니다.

최서희 그건 북측을 공격하겠다는 것이 아니라 억제용, 방어용이에요. 미국이 우리의 동의 없이 어떻게 핵무기를 사용할 수 있겠습니까? 그리고 우리가 거기에 동의하겠습니까? 절대로 있을 수 없는 일이예요.

김정은 그렇게 따진다면 우리의 핵무력 역시 철저한 자위용, 방어용이에요. 우리 역시 그걸 먼저 쓸 일이 없으니 대통령께서 걱정하실 필요 없습니다.

최서희 걱정하지 말라니요? 핵무기를 머리에 이고 살지 않겠다는 나와 우리 국민의 의지는 확고합니다. 그리고 북측은 툭

하면 '핵불방망이'니 '서울 불바다'니 하는 극언도 하잖아요. 그럴 때마다 우리 국민은 불안해지고 우리 경제에도 부정적 영향을 줍니다.

김정은 내가 예전에 했던 일을 말씀하시는 것 같은데요. 그렇게 따지면 나도 할 말이 많습니다. 남측에서 뭐 내 목을 치겠다느니, 평양으로 진격하겠다느니 하는데 내가 어떻게 가만히 있겠습니까? 그리고 사실 그때 나는 좀 미친 사람처럼 보이고 싶었어요. 하하. 대통령께서는 '미친 자의 이론'이라는 말을 들어보셨나요?

최서희 미국의 닉슨 대통령이 베트남전쟁 때 했던…….

김정은 네, 맞습니다. 당시 닉슨은 갑자기 전 세계적인 핵전쟁 훈련을 벌였지요. 헨리 키신저한테는 소련 정부에게 '내가 미쳤다'는 말도 전하라고 했다지요. 베트남전쟁을 빨리 끝내지 않으면 핵전쟁도 불사할 정도로 미쳤다고 말이죠. 사실 나는 그걸 따라 해본 겁니다. 생각해보세요. 우린 남측과 미국에게 정전협정을 평화협정으로 전환하기 위한 회담을 정중히 제안했어요. 그럴 때마다 무시당했습니다. 그래서 '우리의 핵억제력 강화를 선택하든, 평화회담을 선택하든 양자택일하라'고 해도 무시당했습니다. 그래서 든 생각이 '그래, 그럼 이건 어떠냐'는 생각으로 핵전쟁위기를 고조시켜본 겁니다. '빨리

평화회담을 하지 않으면 내가 무슨 일을 벌일지 모른다'고 보여주고 싶었던 거죠. 하하하.

최서희 그런데 중요한 게 있어요. 닉슨 대통령도 북측도 실패했다는 거죠. 닉슨의 핵위협은 오히려 북베트남의 항전 의지만 부추겼습니다. 북측이 여러 차례 핵위협을 가한 것도 결국 역효과만 내고 말았죠. 그 이후 워싱턴에선 '대화파의 씨가 말랐다'는 말이 유행하고 있어요.

김정은 원래 워싱턴에는 대화파 자체가 없었던 것 같은데요. 그건 그렇고, 우리가 얘기 나눈 게 나중에 또 공개되는 건 아니겠죠? 하하. 사실 그 때 내가 강하게 나간 건 우리 공화국 내부와도 관계가 있었어요. 경제건설을 하고 싶고 그러려면 군비 부담을 줄여야 하는데 군부의 반대가 심했거든요. 그래서 '우리에겐 핵이 있다. 이제 상용무력을 줄여 경제건설에 투입하자.' 이렇게 말하려면 우리의 핵무력을 과시할 필요가 있었던 겁니다.

최서희 북측의 입장을 전혀 이해하지 못하는 것은 아닙니다. 하지만 북측이 병진노선을 유지하면, 우리 남측이 북측과 제대로 경제협력을 하고 싶어도 그렇게 할 수 없게 됩니다. 이건 다른 나라들도 마찬가지고요. 그래서 북이 핵을 포기하면 국제사회와 함께 경제협력을 대폭 강화하겠다고 말씀드린 것이

고요.

김정은 대통령께서는 핵문제의 본질을 잘못 짚고 계십니다. 우리의 핵 억제력은 경제적 홍정물이 아닙니다. 입장을 바꿔 놓고 생각해보세요. 만약 중국에서 남측이 한미동맹을 포기 하면 경제협력을 대폭적으로 늘리겠다고 제안하면 대통령께 서는 수용할 수 있겠습니까? 경제는 '먹고 사는 문제'이지만 안보는 '죽고 사는 문제'입니다.

최서희 김 위원장님. 나도 이번 정상회담을 준비하면서 많은 걸 검토하고 또 생각했습니다. 역지사지의 관점에서 북의 입 장을 이해하려고 노력도 해봤습니다. 북측도 이번 정상회담 대화록을 공개할 일은 없으니 내 솔직한 생각을 말씀드려보 죠. 다른 핵보유국들의 사례를 보니 북측이 말하는 병진노선 과 흡사한 상황들이 많이 있었더군요. 미국이나 소련도 초기 에는 핵무기를 많이 만들어 재래식 군사력을 줄여 경제나 복 지에 신경 쓰려고 했습니다. 중국의 양탄일성兩彈一星*도 그렇고 요. 이런 저런 자료를 보다보니 불현듯 박정희 전 대통령이 떠 오르더군요. 박 대통령은 경제성장과 자주국방을 위해 애를

---

* 마오쩌둥 시대에 개발에 성공한 원자폭탄과 수소폭탄, 그리고 인공위성을 의미한다. 이후 덩샤오핑을 비롯한 중국 지도자들은 양탄일성 덕분에 중국이 안보문제를 해결하 고 경제발전에 힘쓸 수 있었다고 주장해왔다.

많이 쓰셨습니다. 오늘 닉슨 대통령이 여러 번 나오는데요. 아시다시피 닉슨이 독트린을 발표해 아시아 방위는 아시아 국가들 스스로 책임져야 한다는 취지로 얘기했습니다. 베트남 철수도 진행하고 주한미군 감축까지 추진했지요. 박정희 정부로서는 미국의 안보공약을 의심하지 않을 수 없었습니다. 그래서 율곡사업도 하고 했지만, 재정이 넉넉하지 않고 경제성장을 우선하고 있는 상황에서 재래식 군사력만으로는 부족하다고 생각했지요. 대안으로 생각한 게 핵무기와 미사일 개발이었습니다. 물론 실패했지만 말입니다. 어쨌든 '아, 북측 지도자들도 비슷한 고민을 하고 있겠구나'라는 생각이 들었습니다.

김정은 남측 인민들이 가장 존경한다는 박정희 전 대통령과 나를 비교하시니, 이거 영광입니다. 하하하.

최서희 하지만 오해하지 마세요. 내가 이런 말씀을 드린 건 북측의 병진노선을 이해한다는 것이지 지지한다는 뜻은 아니니까요. 병진노선은 북측 경제가 좋아지면 핵무기를 더 많이 만들 수 있다는 것인데, 나로서는 수용할 수 없는 것이죠. 남측의 그 어떤 국민도 마찬가지고요. 김 위원장께서도 실무접촉 보고를 받으셨을 겁니다. 위원장께서 비핵화 용단을 내리면 정말 많은 것들이 가능해집니다.

김정은 그건 어렵다는 걸 강의지 실장을 만났을 때에도 충분

히 얘기했습니다. 다만 핵동결은 논의해볼 수 있습니다.

최서희 핵동결 자체가 목표가 될 수는 없습니다. 비핵화로 가는 과정이라면 충분히 논의해볼만 합니다. 그리고 내가 미국 대통령과의 통화에서 미북 정상회담을 권유했습니다. 그랬더니 북측이 비핵화의 의지를 보여준다면 검토해보겠다고 하더군요.

김정은 하하, 그럼 내가 미국 대통령을 만나는 우리 공화국 최초의 지도자가 되는 것입니까? 근데 이게 처음은 아니었던 것 같아요. 황 동지가 과거 사례를 설명해주시오.

황병서 네, 미국 대통령과의 정상회담은 2000년에 약속한 것이었습니다. 하지만 미국에서 정권교체가 되면서 없었던 일이 되었습니다. 그리고 2007년에 노무현 대통령이 여기에 왔을 때에도 그런 얘기가 있었습니다만, 그것도 무산되었습니다.

강의지 그때와는 상황이 다릅니다. 지금은 우리 대통령도 그렇고 미국 대통령도 임기 초반입니다. 김 위원장께서 비핵화의 의지를 보여주신다면, 조만간 미국 대통령을 만나실 수 있습니다.

김정은 뭐 내가 미국 대통령을 만나지 못해 안달난 사람도 아니고……. 어쨌든 핵문제는 이 정도로 하지요. 북남 사이에 논의할 문제들도 많은데 점심식사 맛있게 하시고, 오후에 북

남관계를 집중적으로 협의했으면 합니다.

최서희 핵문제는 이 정도로 논의해서 끝낼 일이 아닙니다. 이
럴 거면 내가 여기까지 올 이유도, 북측이 정상회담을 수용할
이유도 없는 것 아니겠습니까? 김 위원장께서도 쉬면서 참모
들과 숙의해주시기 바랍니다. 오늘 정상회담에서는 반드시 첫
단추를 끼워야 합니다.

"내가 여기에 오기 전에 우리 남측의 한 전문가한테 이렇게
물었어요."

최서희가 김정은과 백화원 초대소 현관을 향해 나란히 걸
으면서 말했다.

"'핵을 가진 북측을 어떻게 상대해야 할까요?' 그러니까 그
분이 그러더군요. '우리가 이런 고심을 한지는 10년 정도 되었
지만, 북측은 핵위협을 가하는 미국을 어떻게 상대해야 하나,
라는 질문을 놓고 70년 가까이 씨름해왔습니다'라고요. 많은
걸 생각하게 하는 말씀이었죠."

걸음을 멈추고 최서희를 쳐다보는 김정은의 눈빛이 조금
흔들렸다.

케미

    남북 양측은 각자 점심식사를 하면서 오전 회담을 결산하고 오후 회담 전략을 집중 논의했다. 오후 2시 백화원 초대소에서 후속 회담이 속개됐다. 환담이 오고간 이후 김정은이 몸을 앞으로 숙이면서 물었다.

김정은 핵동결과 평화협정 체결은 우리도 긍정적으로 고려할 수 있습니다. 물론 우리를 겨냥한 제재도 완전히 해제되어야 할 것이고요. 그런데 묻고 싶은 게 있습니다. 우리가 비핵화를 공약하면 남조선 주둔 미군은 철수하는 겁니까?

최서희 이거 핵심을 찌르고 들어오시는군요. 식사 마친지도 얼마 안 됐는데, 이러다가 체하겠습니다. 하하하. 기본적으로

한미동맹과 주한미군은 한미 양국 사이에 결정할 문제입니다. 김일성 주석께서도, 김정일 위원장께서도 주한미군 주둔을 양해한 것으로 알고 있고요. 다만 군사훈련을 참관한다든지 축소한다든지 해서 군사적 신뢰구축을 쌓고 이걸 바탕으로 군축문제도 논의할 수 있다고 봅니다. 내 임기 내에 전시작전권도 환수할 예정이니 한미 간의 군사문제 주도권은 우리 남측이 갖게 될 것이고요.

김정은 최 대통령께서 양해해주시면 우리 참모 얘기를 들어보죠. 리용호 동무는 어떻게 생각하시오?

김정은은 핵문제 논의가 계속될 것으로 보고, 리용호 외무상을 오후 회담에 배석시켰다. 리용호는 1994년부터 핵 협상에 참여해온 인물로, 2016년 5월 7차 당대회를 거치면서 외무상으로 발탁됐다. 2016년 5월 사망한 강석주와 와병 중인 김계관과 함께 북한의 대표적인 외교 협상가로 꼽힌다.

리용호 네. 우선 전 조선반도의 비핵화는 있어도 우리 공화국의 비핵화만은 있을 수 없다는 점은 분명합니다. 이건 6자회담 때에도 남측과 미국에게 수없이 반복한 얘기입니다. 그런데 9·19 공동성명 채택 직후에 미국 측 대표가 "이 성명이 미

국의 핵무기를 남측에 재배치하는 권리까지 제약하는 것은 아니다"라고 말했습니다. 그 이후에 실제로 다양한 핵 타격수단을 남측에 배치해 우리를 적으로 간주한 폭격 훈련도 했습니다. 그래서 이 문제도 분명히 해야 합니다. 최소한 미국이 남측에 씌워놓고 있는 핵우산의 공식적인 철수가 필요합니다. 당연히 남조선이 미국과 벌이는 군사훈련도 중단해야 합니다. 그리고 우리의 평화적 핵동력 활동도 전면적으로 인정해야 합니다. 주석님과 장군님께서는 미군이 우리를 적대하지 않으면 남조선 주둔을 용인할 수 있다고 말씀하신 적이 있지만, 미군이 남조선 땅에 있는 한 이것도 믿을 수 없습니다.

최서희 우리는 좀 양보안을 갖고 왔는데, 북측의 입장은 더 완강해진 것 같군요. 거듭 말씀드립니다만, 미군주둔 문제는 한미 양자 간에 논의할 사안입니다.

리용호 그게 핵심적인 문제인데, 그걸 논의하지 않고 어떻게 비핵화 문제를 거론할 수 있겠습니까? 그리고 정전협정에는 외국군 철수가 담겨 있습니다. 당연히 평화협정에도 이 내용이 담겨야 하고 이행되어야 합니다.

최서희 거듭 말하지만, 주한미군은 북측과 논의 대상이 아닙니다. 그러나 상호간의 군사적 신뢰구축 및 위협 감소 차원에서 논의할 수 있는 사안들은 있을 겁니다. 쌍방 합의 하에 군

사훈련의 상한선을 정한다든지, 횟수를 줄인다든지, 동원 무력에 제한을 둔다든지 말이죠. 중요한 건 남북 간에, 미북 간에 평화관계를 만드는 것입니다. 북측이 미국과의 관계가 좋아지면 미국 군사력을 두려워할 이유가 없어지지 않겠습니까?

김정은 북남 간에, 조미 간에 평화관계가 정착되면, 미군 자체가 필요 없어지는 것 아닙니까? 이 얘긴 미국하고 하는 게 맞는 것 같군요. 그리고 나도 몇 가지 근본적인 생각을 말씀드리겠습니다. 먼저 핵 억제력은 당분간 포기할 수 없어요. 내가 미국 사람들 얘기는 별로 신뢰 안하는데 미국 정보기관에서 그런 말을 했더군요. 우리의 핵 억제력은 남측과 미국 연합군의 군사력에 대한 우리의 열세를 만회하기 위한 것이라고요. 남측 국방부도 우리보다 30배가량 국방비를 더 많이 쓰고 있다고 했다지요. 이렇게 상용무력이 크게 차이가 나는 상태에서 우리가 핵을 내려놓게 되면 그건 우리만 무장해제하는 꼴이 됩니다. 핵을 포기하면 상용무력으로 채워야 하는데 그건 우리 경제를 질식시키게 될 거고요. 이게 바로 내가 병진노선을 들고 나온 이유입니다.

그리고 남측 및 미국과 아무리 좋은 약속을 하더라도 우리는 근본적으로 신뢰하기 힘듭니다. 그건 최 대통령님을 못 믿기 때문이 아닙니다. 두 가지 근거만 들어보겠습니다. 하나는

근본적으로 우리의 핵 포기는 되돌리기 힘든 불가역적 조치라는 겁니다. 핵무기를 어디에 맡겼다가 여차하면 다시 찾아올 수 있는 게 아니지 않습니까? 반면 평화협정도 경제협력도 우리에 대한 제재해제도 하루아침에 되돌릴 수 있는 것들입니다. 또 하나, 우리가 핵을 포기한다고 그것으로 끝날까요? 로켓도 있고, 인권문제니 뭐도 있고, 생화학무기도 있고, 줄줄이 트집 잡을 문제들이 널려 있습니다. 강대국들의 사탕발림에 넘어가서 핵을 포기했다가 크게 당한 리비아와 우크라이나도 있고요. 이건 그냥 의심하는 게 아니에요. 우리가 한두 번 당해본 게 아니거든요.

최서희 그건 걱정하지 않으셔도 됩니다. 한반도는 리비아나 우크라이나와는 지정학적으로 완전히 다른 위치에 있습니다. 생각해 보십시오. 북측이 비핵화를 선택하고 한반도 평화체제가 구축된 상황에서 누가 북측을 공격할 수 있겠습니까? 우리 남측도 그렇지만 중국과 러시아가 용납하지 않겠죠. 또한 핵문제가 해결되어 가고 평화체제가 구축되면 남북관계는 질적으로 달라집니다. 이곳 평양에도 미국과 일본 등 서방국가들의 대사관도 크게 늘어나겠죠. 그 자체가 핵무기보다 더 강력한 억제력을 발휘할 수 있습니다. 그리고 평화협정은 귀측이 주장하는 미북 평화협정이 아니라 남북과 미중이 함께

하는 4자 협정으로 가야 합니다. 그래야 다자적 구속력이 생깁니다. 아울러 로켓 문제도 문제 해결 의지만 있다면 얼마든지 상호 만족할 수 있는 해법이 있습니다. 너무 걱정하지 마시고 용단을 내려주십시오.

황병서 제가 한 말씀드리겠습니다. 우리도 최 대통령님의 의지를 높이 평가합니다. 하지만 대통령님의 임기는 5년입니다. 남측의 다음 정부가 어떻게 나올 지 알 수 없게 된다는 겁니다. 이건 미국에 대해서도 마찬가지입니다. 그래서 핵동결은 가능해도 비핵화는 안 된다는 것입니다. 우리가 비핵화를 해버리면 남측과 미국의 약속 이행을 이끌어낼 지렛대를 잃게 됩니다.

강의지 저도 한 말씀드리겠습니다. 북측의 우려를 전혀 이해하지 못하는 것은 아닙니다. 하지만 북측도 잘못한 게 많습니다. 2000년에 미국에서 정권교체가 되었을 때, 북측은 남북관계를 미북관계와 연계시키는 우를 범했습니다. 그래서 김정일 위원장의 답방 약속도 지켜지지 않았습니다. 또한 2009년 오바마 행정부가 들어섰을 때에는 장거리로켓 발사와 핵실험을 강행해 미북 대화와 6자회담의 동력을 상실케 하고 말았습니다. 2·29 합의 직후에도 장거리로켓 발사를 해 모처럼 조성되었던 대화 분위기에 찬물을…….

김정은 자, 그 정도로 하세요. 과거 사례를 일일이 열거하면 우리라고 할 말이 없을 것 같습니까?

최서희 강 실장 얘기는 북측도 자기 입장만 생각하지 말고 역지사지의 관점에서 보면, 북측도 반성해야 할 측면이 많다는 취지입니다. 강 실장 얘기를 좀 더 들어보죠.

강의지 세 가지 점만 말씀드리고 싶습니다. 하나는 앞으로의 합의는 빈 구멍이 없을 정도로 촘촘하게 해야 합니다. 그렇게 해서 합의에 대한 해석 차이를 최대한 없애고 이행의 걸림돌을 사전에 제거해야 합니다. 또 하나는 비핵화는 중장기적인 목표로 하되 그 시점과 방식에는 합의하자는 것입니다.

김정은 중장기적인 목표라? (리용호를 바라보며) 이란 핵 협정 이행기간이 10년이었던가요?

리용호 15년 입니다.

김정은 허, 그래요. 이란은 핵무기를 만들지 않은 상태였고, 우린 핵무기를 이미 많이 만들었으니 평화협정 체결 이후 최소한 15년 이상의 목표 시한을 둔다면…… 그건 고려해볼 수도 있겠군요.

강의지 다른 사례들도 얼마든지 있습니다. 우크라이나·카자흐스탄·벨라루스는 수천 개의 핵무기를 갖고 있었는데, 폐기하는 데 3년 정도 걸렸습니다. 레이건과 고르바초프가 만나

핵군축과 냉전종식에 합의하는 데에도 3년 정도 걸렸고요.
15년 이상은 너무…….

김정은 그래서 어떻게 되었소? 우크라이나는 핵무기를 포기
한 것을 후회하고 있지 않소? 소련은 망했고.

강의지 소련이 핵무기가 부족해서 망한 게 아니지 않습니까?
소련이 망할 때 3만 개의 핵무기가…….

황병서 거 말씀이 지나치군요. 가려서 하세요. 우리가 15년
이상이라고 말한 건 남측의 여러 정부도 경험해봐야 하고, 미
국의 다음 정부도 어떻게 나오는지 봐야 한다는 의미를 담고
있어요. 2003년에 리비아의 카다피가 미국의 관계개선 약속
을 믿고 대량살상무기를 포기해놓고 우리한테도 자기를 본받
으라고 했었죠. 그런데 8년 후에 어떻게 되었습니까? 미제 놈
들한테 목이 달아나지 않았습니까? 우크라이나 말씀하셨는
데 그 나라가 핵 폐기를 한 게 1996년입니다. 그런데 18년 후
에 어떤 일이 벌어졌습니까? 이란은 또 어떤가요? 경제제재
해제 약속을 믿고 양보를 했는데, 미제의 경제제재는 여전하
지 않습니까? 이렇게 보면 15년도 짧습니다.

최서희 특정 시한을 놓고 여기서 말다툼할 필요는 없습니다.
시간의 물리적인 길이가 아니라 화학적인 작용이 중요합니다.
좋은 합의를 하고 잘 이행하고 그래서 신뢰가 강해지면 비핵

화 완료 시한도 빨라질 수 있고, 그 반대라면 늦어질 수도 있습니다. 또한 일시에 핵 폐기를 하는 것이 아니라 시간을 두고 단계적으로 하는 것도 생각해볼 수 있습니다. 일단 중요한 건 북측이 비핵화 의지를 공식적으로 천명하는 겁니다. 그래서 이번 정상회담 합의문에 "한반도 비핵화와 평화체제 구축은 상호 조율된 조치로 병행해서 실현해야 할 궁극적인 목표라는 점을 재확인하고, 이를 위한 중간단계로 핵동결과 평화협정 체결을 적극 추진키로 했다"는 내용을 넣자는 것입니다. 비핵화를 위한 6자회담과 평화협정을 논의할 4자회담도 조속히 추진하자는 내용도 넣고요.

김정은 비핵화 시한을 명시하지 않는다면, 큰 틀에서는 동의합니다. 아까 얘기한 것처럼 우리에게 씌워진 제재 고깔도 벗겨져야 합니다. 구체적인 문안은 실무 협상에 맡기고 그걸 보고 최종 수표하는 것으로 합시다. 우리도 검토해야 할 것들이 많습니다. 자 회담은 이 정도로 마치고, 좀 쉬었다가 모란봉 악단 공연을 함께 보시죠.

강의지 공연 관람은 실무 회담에서 합의된 게 아닙니다. 자칫…….

김정은 허허, 남측에서 걱정할 만한 내용은 없으니 걱정하지 마세요. 귀한 손님들이 오셨는데 내가 곤란하게 만들겠습니

까? 아마 최 대통령께서 좋아하실 노래도 여러 곡 있을 겁니다. 따라 부르셔도 좋습니다. 하하하.

"요즘도 데니스 로드맨과 연락을 주고받고 있습니까?"

공연장에 나란히 앉은 최서희가 김정은에게 물었다. 김정은은 미국 NBA 스타 로드맨과 한때 절친한 사이였다. 하지만 로드맨의 두 차례 방북 이후 미국 내에서 역풍이 불면서 두 사람의 연락은 두절된 상태였다. 김정은이 고개를 가로젓자 최서희가 말을 이었다.

"나도 로드맨 팬이었어요. 별로 크지도 않은 키에 장대 숲을 헤집고 리바운드 잡는 거 보고 반했었지요. 나도 예전에 농구 좀 했었습니다. 내 키가 170이 조금 넘는데 리바운드와 페이드 어웨이 슛을 곧잘 했었죠. 그래서 학창시절 별명이 '에어 서희'였습니다. 하하."

"하하, 최 대통령님께서도 농구 팬인지 몰랐군요. 나도 예전엔 농구도 즐기곤 했는데, 요즘은 그럴 시간도 없고 또 살도 많이 쪄서 그냥 보기만 합니다."

"그래도 아직 젊으시니 건강 삼아서 즐겨보시죠. 어때요? 나랑 1대 1 한번 해볼까요?"

"하하, 그거 재밌는 말씀이군요. 근데 연로하신 몸으로 팬

찮으시겠어요?"

"나이는 숫자에 불과하죠. 지금은 곤란하고 다음에 한번 합시다. 나도 연습을 좀해야 하니. 우리가 농구하면 세계적인 이벤트가 될 텐데, 빽차나 하면 안 되겠지요."

최서희가 웃으며 말했다.

"허허, 이런 식으로 다음 수뇌회담을 하자는 말씀을 하시는군요. 아 이거 아버지뻘 되는 분의 제안인데 거절할 수도 없고……"

김정은이 아리송한 표정으로 말했다.

"그럼 수락하신 걸로 알고 난 농구연습이나 열심히 하렵니다. 양측의 자존심이 걸린 승부니 김 위원장께서도 열심히 연습하십시오. 하하."

마주보는 눈빛에서 묘한 케미를 느낀 탓인지, 두 사람은 어느덧 손을 잡고 있었다.

진먼다오

"대근이 이번에 큰 건 하나 했어."

최지민이 기특하다는 표정으로 손대근의 어깨를 두드리며 말했다. 손대근은 청와대에서 근무해달라는 제안을 정중히 사양하고 민간에서 할 수 있는 역할을 해보고 싶다고 했었다. 그는 6월 19일 미국으로 가서 윌리엄 페리를 만났다. 손대근이 스탠포드 석사과정 때 페리의 수업을 들었던 인연도 있는 터였다. 페리는 손대근의 석사논문 및 박사논문 영문 요약본을 읽어보고는 감탄했다. 손대근은 최지민으로부터 남북정상회담이 성공적이었다는 얘기를 듣고 페리를 만나기로 결심했다. 그의 뇌리를 스친 생각이 이거였다.

'이제는 북미 정상회담이다.'

"장관님께서 쓰신《핵 벼랑에서의 나의 여정*My Journey at the Nuclear Brink*》을 감동 깊게 읽었습니다. 장관님께서는 여생을 핵무기 없는 세계를 만드는데 바치고 싶다고 하셨습니다. 그 여정의 새로운 출발점을 한반도에서 시작해보자는 말씀을 드리고 싶습니다."

페리는 젊은 동양 제자의 열정에 감동했다.

"나도 동의하는 바요. 영광스럽게도 미한 양국이 '제2의 페리 프로세스'를 추진하고 있다고 하니 감회가 새롭군요. 그래, 내가 어떻게 도우면 되겠소?"

"장관님께서 힐러리 클린턴 대통령과 북한 지도자가 만날 수 있게 역할을 해주시면 감사하겠습니다. 아시다시피 북한 지도자들은 오랫동안 미국 대통령을 만나고 싶어 했습니다. 이건 김정은도 마찬가지입니다. 장관님께서 미국 대통령과 국민들을 설득해주십시오. 장관님께서는 클린턴 부부와도 친분이 있고, 또 여러 차례 평양을 방문한 경험이 있어서 북한 정부도 장관님을 신뢰하고 있습니다."

페리가 고개를 끄덕이며 더 얘기해보라는 듯 눈짓을 했다.

"장관님께서 일전에 조지 슐츠 전 국무장관, 헨리 키신저 전 백악관 안보보좌관, 샘 넌 전 상원의원과 함께 '핵무기 없는 세계'를 주창하는 기고문을 쓰셔서 세계적인 반향을 일으

킨 바 있습니다. 네 분이 다시 의기투합해서 핵무기 없는 세계의 전환점을 만들기 위해 미북 정상회담을 촉구하는 글을 언론에 기고해주시면 큰 효과가 있을 것이라고 확신합니다. 장관님께서 클린턴 대통령을 만나 직접 설득하는 것과 병행한다면 더할 나위 없을 것이고요. 혹시 도움이 될까 해서 제가 몇 자 적어 왔습니다. 참고해주시면 고맙겠습니다."

그로부터 2주 후,《월스트리트 저널》에 페리를 비롯한 4명의 공동기고문이 게재됐다. 이들은 "한반도가 핵전쟁이 일어날 가장 위험한 지역"이라고 강조하면서 "핵무기 없는 세계는 바로 한반도에서 핵전쟁의 위험을 제거하는 것부터 시작되어야 한다"고 역설했다. 또한 미국 대통령의 방한이 예정된 7월 하순이 때마침 "한반도 정전협정이 체결된 지 65년이 된다"는 점도 환기시켰다. 그러면서 "정전협정의 당사자이자 한반도 비핵화의 책무를 지닌 미국 대통령의 역사적인 결단"을 촉구했다. "서울을 거쳐 평양에 가야 한다"고 말이다.

"네가 페리를 설득한 덕분에 클린턴 행정부도 북미 정상회담을 적극 검토하기 시작했어. 정부도 못한 일을 네가 한 셈이지."
최지민이 손대근의 볼을 가볍게 꼬집으며 말했다.

"내가 뭘…… 근데 누나도 알다시피 이제 시작이야. 클린턴이 평양에 간다고 해서 모든 문제가 풀리는 것은 아닐 테니. 그리고 클린턴의 방북에 대해서도 미국 내 반대여론이 만만치 않아."

"그래도 8부 능선을 넘어가고 있는 느낌이야. 하반기에는 정상회담 풍년이 될 거야. 클린턴이 서울과 평양에 가면 뒤이어 시진핑도 평양에 가겠지. 한중 정상회담 일정도 조율 중이야. 그리고 말이야. 푸틴도 남북한 동시 방문을 희망한다는 입장을 전해왔어. 이렇게 되면 아베 신조도 가만히 있을 수는 없겠지."

"허허, 누나 정신 없겠구나. 좀 쉬어야 할 텐데."

"지금 쉬고 있잖아. 근데 왜 여기로 오자고 한 거야."

두 사람은 대만 해협에 있는 진먼다오金門島에 와 있었다.

"응, 누나 머리 좀 식혀주려고. 청와대에 들어간 다음에 한 번도 못 쉬었잖아. 누나 휴가 받았다는 소식 듣고 재빨리 이곳으로 납치한 거야. 흐흐. 여기는 내가 석사논문 쓸 때 온 적이 있었는데, 그 때 연평도에서 포격전이 있었잖아. 그 때 많은 생각이 들었어. 누나, 이 칼을 무엇으로 만든 건지 알아?"

최지민의 의아한 표정을 짓자, 손대근이 웃으며 중국 푸젠성 쪽을 가리켰다.

"저기에서 날아온 포탄으로 만든 거래. 왜 1950년대에 중국이 여기로 포탄 많이 쐈잖아. 이 섬 주민들이 그 잔해들을 주워 칼을 만든 거지. 그리고 이게 진먼다오의 특산품이 되었고."

"하하, 포탄을 녹여 칼을 만든 거네. 근데 진먼다오는 시간이 지나면서 군대도 철수하고 양안교역의 상징적인 곳처럼 되었다고 하지. 연평도를 비롯한 서해 5도와는 정반대의 길을 걸은 셈이군."

"재미난 얘기가 또 있어. 마오쩌둥은 50년대에 이곳에 포격을 가하다 말다를 반복했지. 그래서 흐루쇼프가 물었어. '진먼다오를 점령하겠다는 것이냐, 말겠다는 것이냐?'고 말이야. 근데 마오쩌둥은 아무 대답도 하지 않았어. 흐루쇼프는 그게 불만이었어. 이러다간 중미전쟁에 휘말릴 것이라고 걱정한 거지. 그러면서 중국의 핵 개발을 도왔어. 중소분쟁이 터지기 전까지는 말이야. 이걸 두고 키신저는 이렇게 해석했지. 마오쩌둥이 진먼다오에 포격을 가한 의도는 중미 전쟁에 연루될 수 있다는 흐루쇼프의 우려를 자극하기 위한 것이었다고. 그래서 소련으로부터 핵 개발 지원을 받아내려고 했다고 말이야. 중국이 핵무장을 하면 미국도 중국을 쉽게 공격하지 못할 것이고 이에 따라 소련이 휘말릴 우려도 덜어질 것이라고 봤다는 거야."

"네 말은 북한이 연평도에 포격을 가한 것도 마찬가지 맥락이었다는 거야?"

"그렇지. 2010년에 천안함이 침몰하고 연평도 포격전까지 벌어지면서 중국은 한반도분쟁에 휘말릴 우려를 크게 갖고 있었잖아. 그래서 김정일이 중국의 우려를 이용해 전쟁위기를 크게 고조시키면서 결국 중국한테 '너희들이 휘말리지 않으려면 우리의 핵무장을 용인해야 할 거야'라는 메시지를 전달하려고 했던 거지."

"자식, 공부 많이 했구나. 하지만 결과는 김정일 뜻대로 되지 않았지. 김정일과 후진타오가 있을 때에는 그나마 관계개선의 조짐이 보였는데, 시진핑이 들어서면서 오히려 핵문제 해결 의지가 더 강해졌잖아."

"그러게 말이야. 근데 내가 베이징의 지인들한테 들어보니, 이번에 6자회담이든 뭐든 다시 열리면 중국은 작정하고 성과를 내려고 노력할 거래. 지금까지와는 차원이 다를 거라고 하더군. 한미공조가 복원되고 있고, 남북정상회담도 열렸고, 클린턴의 방북도 이뤄질 거 같고, 시진핑도 작심한 것 같고, 암튼 절호의 기회가 오고 있어. 누나도 단단히 마음먹어야 할 거야."

"그래서 하는 말인데, 너 정부에서 일할 생각 진짜 없어? 우

리 실장님도 널 꼭 데려왔으면 하고, 또 본게임이 시작되면 미중관계에 대한 해박한 지식과 양쪽에 인적 네트워크도 있는 사람이 필요한데, 네가 딱이잖아. 네가 받아들이지 않으면 나 잘릴지도 몰라. 사실 실장님께 휴가 받으면서 미션이 있었거든. 널 데리고 오라는…… 크크."

"하하, 그럼 그렇지. 어쩐지 누나가 여기 오자는 얘기를 순순히 받아들일 때부터 좀 이상했어. 근데 조건이 있어. 낮에는 청와대에서 같이 일하고, 퇴근하면 같은 집에서 사는 걸로 하면 말이야."

"이놈이 나랑 거래하자는 거야."

최지민이 손대근의 가슴을 치자, 손대근이 최지민의 손을 잡고 말했다.

"아까 누나를 왜 여기에 데려왔냐고 했지. 칼 보여주면서 청혼하려고 그랬지. 결혼 아니면 죽음을 달라고. 하하."

"이 자식이 정말……."

"그런데 말이야. 정부에서 근무하는 건 바로는 힘들 것 같아. 프로젝트를 하나 시작했는데, 일단 그걸 끝내야 할 것 같아서."

"무슨 프로젝트인데?"

"정확한 제목은 못 정했고, 일단 가제로 '제2의 북방정책을

찾아서'로 했어. 노태우 정부 때 북방정책은 3저 호황과 사회주의 몰락에 따른 자신감을 갖고 추진했다면, 이제는 경제위기와 지정학적 위기가 맞물리고 있잖아. 이 복합위기의 시대에 우리가 살길은 제2의 북방정책밖에 없다는 취지야. 왜 누나도 대선 때 '지정학의 감옥에서 지경학의 허브로'라는 슬로건을 제안했잖아. 그걸 구체화해보자는 취지지."

"이거 아주 구미가 당기는 프로젝트인데, 내 전공이기도 하고. 그렇다고 내가 참여할 수 있는 상황도 아니고."

"누나는 가끔 조언만 해주는 걸로도 충분해. 누나 박사논문에서 강조한 게 아직도 기억에 생생해. 지정학의 사고에 갇히면 타자와의 관계를 제로섬으로 보는 경향이 강해지고 그래서 군사력을 중시할 수밖에 없다고 했고, 지경학적 마인드를 가지면 타자와의 관계를 원원으로 보게 되고 그래서 협력을 중시하게 될 거라고 했지."

"그랬지. 군사력을 중시하는 지정학은 갈등과 분열을 낳고, 협력을 중시하는 지경학은 융합을 통한 시너지효과를 낼 수 있다고 했었지. 그런데 구체적인 아이디어가 있는 거야?"

"응. 아직 대략적인 수준인데, 기본 구상은 이래. 이미 환동해·환서해 경제권을 만들자는 얘기는 있었잖아. 한반도 종단철도를 시베리아 횡단철도로 연결해야 한다는 얘기도 옛날부

터 있었고. 여기에 몇 가지를 덧붙여 북극권을 포함한 유라시아 그랜드 디자인을 구상해보자는 것이지. 시진핑은 '21세기 실크로드'를 얘기하고 있는데, 이게 다가 아니야. 푸틴은 북극 항로를 중심으로 '차가운 실크로드cold silk road'를 주창하고 있지. 제2의 북방정책의 축을 이걸로 삼는 거야. 중국의 21세기 실크로드와 러시아의 차가운 실크로드 구상을 우리의 북극 권을 포함한 유라시아 진출의 두 축으로 삼자는 것이지."

"음, 멋진 생각이네. 그렇게 되면 말 그대로 폭망한 조선 및 해운업도 새로운 활로를 찾을 수 있겠군. 북한 사회간접시설 복구를 위한 투자가 늘어나면 남한 건설업에도 활기가 생길 거고."

"그렇지. 단순히 경제적 효과에만 그치지 않을 거야. 조선 해운업이 절벽 아래로 떨어지면서 부산경남의 미래가 어두워 지고 있잖아. 그래서 이런 구상을 잘 만들면 최서희 정부의 대북정책에 대한 영남권의 지지도 올라갈 거야. 결국 성패는 북한과의 관계에 달려 있으니까. 그리고 또 있어. 노무현 대통 령이 김정일과 만났을 때 남북경협과 관련해 여러 가지 합의 를 했었잖아. 그걸 다시 면밀히 검토해보려고 해. 아울러 김석 철 교수가 박근혜 정부 출범 즈음에 한반도 그랜드 디자인을 제안했었는데, 그 가운데 두만강 하구 다국적 도시 개발 사업

이 눈에 띄더라고. 그리고 소프트뱅크의 손정의 회장이 아시아 슈퍼 그리드를 제안한 적이 있잖아. 고비 사막에 거대한 태양광 발전소를 만들면 에너지도 얻고 황사도 줄일 수 있다고 말이야. 기술적인 검토가 필요하겠지만, 이런 걸 모두 집어넣어서 거대한 융합을 일으켜보자는 생각이지. 따로 가면 안 되는 사업들이 만나면 될 수 있고, 또 시너지효과도 낼 수 있잖아."

"일단 생각은 좋은데, 이런 거대 사업을 추진하려면 결국 북핵문제가 해결되어야 할 텐데. 다른 사람들도 마찬가지 의문을 품게 될 거야."

"이 구상은 북핵 해결에도 기여할 수 있다는 게 내 생각이야. 김정은의 전략적 셈법을 바꾸려면 크게 세 가지가 필요해. 터닝 포인트로 평화협정인데, 이건 정부에서 잘 추진하고 있는 것 같고. 그리고 정상 간의 유대도 중요하지. 최서희 대통령에 이어 클린턴·시진핑·푸틴 등이 김정은을 만나고 최 대통령께서 또 만나고 하면서 김정은의 포위당했다는 의식을 풀어주는 게 필요해. 이것 역시 정부에서 잘하고 있고. 마지막은 경제야. 김정은한테 한반도가 세계의 화약고가 아니라 지경학의 중심이 되어보자고 설득하자는 것이지. 아까 얘기한 것들이 실현되려면 북한의 동참이 필요하고 또 북한은 그 과정에서 가장 큰 수혜자가 될 거야. 북한이 지경학의 중심지가

되면 그건 핵무기보다 더 강력한 억제력이 될 것이고.”

　“이 세 가지가 융합을 일으켜야 한다? 이거 네 프로젝트가 더 궁금해지는데. 근데 언제 결과물이 나올 예정이야. 난 널 빨리 청와대로 데려가야 하는데.”

　“당초 계획은 1년 정도 잡았는데, 빨리 해야지. 연구자들은 대충 모았고, 내가 얘기해서 빨리 진행해보자고 제안해볼게. 그래야 누나와 빨리 한 집에서 살지. 하하.”

진영 논리의 눈으로 보지 마시기를

1999년 평화네트워크를 창립한 이래 이 분야에 뛰어든 지 꽤 많은 시간이 흘렀다. 그 사이에 네 개의 정부를 경험하고 있다. '진보' 정권으로 불리는 김대중·노무현 정부와 '보수' 정권으로 불리는 이명박·박근혜 정부이다. 하지만 나는 김대중·노무현 정부에 대한 비판을 주저하지 않았었다. 반대로 이명박·박근혜 정부에 대한 진정어린 조언과 응원도 간간히 했었다.

돌이켜보면 김대중·노무현 두 정부는 한반도문제를 풀어보려는 의지는 확고했던 것 같다. 하지만 감시와 비판을 본업으로 삼는 시민단체에 몸담고 있는 내 눈에는 간혹 가치와 정책과 전략의 결함이 보였다. 그래서 지지하면서도 비판했다. 안타깝게도 이명박·박근혜 정부 때는 그 의지가 실종되었거나 엉뚱한 방향으로 흘렀다. 그래서 '보수 정권이 마음만 먹으면 훨씬 잘 풀 수 있을 텐데'라는 간절한 희망이 사라짐을 느

졌다. 그리고 '문제를 풀고자 하는 확고한 의지와 실력을 갖춘 정치 리더십'이 서야 한다는 결론을 내렸다. 이 책의 '모티브' 이다.

단체 활동을 하면서 간간히 써온 책이 벌써 10권을 훌쩍 넘 겼다. 분류하자면 모두 인문사회과학 서적들이다. 대부분 존 재감이 별로 없는 책들이다. 사람들이 좀 더 재밌고 알기 쉽 게 읽을 수 있는 책을 쓸 수는 없을까? 소설이 떠올랐지만, 이건 내 능력 밖이었다. 그래서 독특한 방식을 시도해보기로 했다. 소설인 것 같기도 하고 아닌 것 같기도 하고, 논픽션인 것 같기도 하고 아닌 것 같기도 한 것 말이다. '세미 픽션semi-fiction'이라는 말과 '소셜 픽션social fiction'이라는 말을 떠올려 봤 다. 국내에선 아직 생소하지만 소셜 픽션은 외국에서는 하나 의 장르가 되고 있다는 한 출판인의 말을 듣고는 써보기로 결심했다. 뒤집어 읽으면 다른 세상이 펼쳐질 수 있다는 메시 지도 전달하고 싶었다. 이 책의 '형식'이다.

이 책에는 간혹 인물과 단체가 실명으로 등장한다. 리얼리 티를 살려보겠다는 욕심을 너그럽게 봐주시기 바란다. 하지 만 그 서술은 대부분 허구이다. 정권이 연장되면 망국으로 가

고, 정권이 바뀌면 재도약으로 간다는 것도 모두 허구이다. 앞날을 그린 책이니 당연한 것이다. 보수가 마음만 먹으면 훨씬 잘 해결할 수 있다는 믿음은 여전히, 그리고 앞으로도 유효하다. 진보가 실력을 쌓지 않으면 정권을 잡더라도 문제를 풀 수 없다는 생각 역시 마찬가지이다. 하여 진영 논리의 눈으로 이 책을 보지 말았으면 한다. 이 책의 '바람'이다.

감사의 말씀을 빼놓을 수 없다. 우선 꼼꼼한 교정과 편집에 애써주신 우일문 대표와 이일규 선배께 감사드린다. 나에게는 두 분들의 노고보다는 책을 빙자해 술자리를 자주 가지면서 호형호제하는 사이가 된 게 더 기쁘다. 또한 바쁜 와중에도 초고를 읽고 조언을 해주신 명필름영화학교의 서정일 교수께도 감사드린다. 끝으로 평화네트워크를 응원하고 지원해주신 많은 분들께도 감사의 뜻을 전한다. 이 책의 '은인들'이다.

2016년 6월 망원동 사무실에서 정욱식